Knödelschorsch

seine vierten

Leckerchen

Autor:

- Hans-Georg Karl
- Baujahr: 1950
- Geburtsort: Wuppertal
- Tischlermeister
- ehemals Leiter eines Bildungszentrums
- Unruheständler
- Hobbykoch
- Hobbypoet
- ehrenamtlicher Mitarbeiter im Cornelia Funke Baumhaus in Dorsten
- Leidenschaftlicher Opa von:
  Leona
  Lara

Umschlagbilder:

Hans-Georg Karl

© 2018 by Hans-Georg Karl

http://www.knoedelschorsch.de

Bibliografische Information der Deutschen Nationalbibliothek:

Die Deutsche Nationalbibliothek verzeichnet diese Publikation in der Deutschen Nationalbibliografie.

Detaillierte bibliografische Daten sind im Internet über

http://www.dnb.de abrufbar.

Herstellung und Verlag: BoD- Books on Demand, Norderstedt
ISBN: 978-3-7528-4116-9

Vorwort

Mit einer Handvoll original thailändischer Rezepte startete am 13. November 2000 meine Homepage www.knoedelschorsch.de. Sie wurde in den folgenden Jahren zum Selbstläufer und hat mich ständig unter Druck gesetzt, neue Rezepte auszuprobieren.

Meine „Rezeptmaxime" lautet nämlich: nur was relativ leicht zu kochen/backen ist, was mir gut gelungen ist und noch dazu gut geschmeckt hat, kann sich Chancen ausrechnen, auf meine Homepage zu kommen.

Mittlerweile sind es über 750 Rezepte geworden und immer noch kommen neue dazu.

Den vierten Teil dieser Rezepte gibt es nun außer im weltweiten Netz, auch wieder „handfest" in diesem Buch. Wie bei den anderen Leckerchen-Büchern habe ich ganz bewusst auf Bilder von meinen Gerichten verzichtet. Jeder, der schon einmal nach Rezeptbüchern gekocht/gebacken hat, musste hinterher feststellen, dass das Kochergebnis sowieso nie so „schön" aussah wie auf den Rezeptfotos. Außerdem standen mir für Rezeptfotos keine Kunststoffe und ähnliche Produkte zur Verfügung, die alles so wunderschön aussehen lassen.

Allen „Nachkochern" und „Nachkocherinnen" wünsche ich viel Spaß mit den Leckerchen vom Knödelschorsch und natürlich gutes Gelingen und guten Appetit wenn es gelungen ist. Und wie immer, zu Risiken und Nebenwirkungen fragen Sie nicht Ihren Arzt oder Diätberater.

Über einen Besuch auf meiner Homepage würde ich mich natürlich auch sehr freuen.

Juli 2018

Hans-Georg Karl alias Knödelschorsch

Aufgelistete Rezepte

Suppen

Basilikum – Creme – Suppe 10

Bohneneintopf (vegan) 11

Bohnensuppe aus Andalusien 12

Brokkoli – Creme – Suppe 13

Chili con Kaffee 14

Eintopf mit Sauerkraut 15

Erbsen – Möhren – Suppe 16

Geflügel – Kokos – Suppe 17

Gemüse – Hacktopf 18

Gemüseeintopf 19

Kartoffel – Creme – Suppe 20

Kartoffelsuppe mit Bohnen 21

Kresse – Creme – Suppe 22

Lauchzwiebel – Sahne – Suppe 23

Möhren – Creme – Suppe 24

Nudelsuppe mit Linsen 25

Papaya – Creme – Suppe 26

Porree – Kartoffel – Suppe 27

Rote Bete – Suppe 28

Spätzle – Suppe 29

Spaghetti – Suppe 30

Aufläufe

Grünkohl – Auflauf 32

Gabel – Spaghetti – Auflauf 34

Hackfleisch – Spinat – Auflauf 35

Kartoffelpüree – Hack – Auflauf 36

Kartoffelpüree – Kraut – Auflauf 38

Nudelauflauf mit Champignons 39

Spargelauflauf mit Huhn 40

Salate

Bohnensalat mit Meerrettich 42

Bunter Kartoffelsalat 43

Bunter Marx – Salat 44

Couscous – Pilze – Salat 45

Curry – Nudelsalat 46

Dicke Bohnen - Salat 47

Kartoffel – Bohnen – Salat 48

Kichererbsensalat 49

Möhrensalat 50

Spargelsalat mit Ei 51

Tomatensalat mit Koriander 52

Gebackene Gerichte

Bunte Pizza 54

Dicke Bohnen – Quiche 56

Falscher Hase 57

Gemüse – Hack – Pie 58

Gemüsekuchen 60

Gemüse – Quiche mit Brie 61

Hackfleischkuchen 62

Käse – Spinat – Pie 64

Kartoffel – Brokkoli – Tarte 66

Kartoffel - Tortilla 67

Lasagne mit Sauerkraut	68	Beeren – Joghurt – Eis	102
Linsen – Tarte	69	Champagner – Creme	103
Möhren – Tarte	70	Erdbeer – Kokos – Parfait	104
Paprika – Tarte	71	Espresso – Creme	105
Pfannkuchen - Lasagne	72	Himbeer – Baileys – Creme	106
Pizza mit Kidneybohnen	74	Himbeer – Tiramisu – Creme	107
Porree – Tarte	76	Joghurt - Mandarinen - Creme	108
Roquefort – Spinat – Quiche	78	Kaffee – Mousse	109
Sauerkraut – Tarte	79	Likör – Stracciatella – Creme	110
Spitzkohl – Quiche	80	Marzipan – Apfel – Tiramisu	111
Tomaten – Quark – Quiche	82	Mascarpone - Beeren - Creme	112
		Orangen – Creme	113

Verschiedene Gerichte

		Pflaumen – Creme	114
		Quarkcreme mit Amarettini	115
Grünes Risotto	84	Quarkcreme mit Kirschen	116
Möhren – Risotto	85	Raffaello – Creme	117
Marillenknödel	86	Rotweincreme mit Birnen	118
Risotto mit Bärlauch	88	Schokocreme schwarz-weiß	119
Risotto mit Dicke Bohne	89	Schokoladen - Tiramisu	120
Risotto mit Huhn	90	Tassenjoghurt	121
Risotto mit Linsen und Brokkoli	91	Trauben – Lasagne	122
Risotto mit Rote Bete	92	Vanillepudding mit Beeren	123
Risotto mit Steinpilzen	94	Walnuss – Eierlikör – Creme	124
Spaghetti mit Basilikum	95	Weißer Schokoladenpudding	125
Spaghetti mit Linsenbolognese	96	Zitronenschaum – Creme	126
Spargek mit Mascarponesauce	97		
Wildkaninchen	98		

Muffins

Desserts

		Cashew – Möhren – Muffins	128
		Eierlikör – Muffins	129
Amaretto – Mousse	100	Kiwi – Schoko – Muffins	130
Bananen – Tiramisu	101	Marzipan – Mandel – Muffins	131

5

Nuss – Apfel – Muffins	132	
Oliven – Weizenbier – Muffins	133	
Schokotropfen – Muffins	134	
Sekt – Mandel – Muffins	135	
Walnuss – Möhren – Muffins	136	

Kuchen und Torten

Torten ohne Backen

Beeren – Charlotte	138
Beeren – Quark – Torte	139
Espresso – Torte	140
Giotto – Torte	141
Heidelbeer – Torte	142
Himbeer – Waffel – Torte	144
Joghurt – Mango – Torte	145
Käse – Karamell – Torte	146
Kirsch – Charlotte	147
Mascarpone – Beeren – Torte	148
Mikado – Torte	149
Pflaumen – Vanille – Torte	150
Russisch Brot – Torte	151
Trauben - Mandarinen - Torte	152
Tiramisu – Torte	154

Rührteig

Bounty – Torte mit Obst	155
Diabetiker – Käsekuchen	156
Eierlikör – Torte	157
Frischkäsetorte - Mandarinen	158
Gugelhupf mit Vanille	160
Johannisbeerkuchen – Baiser	161
Kokos – Käse – Torte	162

Mascarpone im Kasten	163
Nusstorte mit Trauben	164
Pflaumenkuchen mit Schuss	166
Quarktorte mit Himbeeren	167
Rotwein – Gugelhupf	168
Spanischer Apfelkuchen	169
Zebrakuchen mit Erdbeeren	170
Versunkener Aprikosenkuchen	172

Mürbeteig / Knetteig

Apfel – Quark – Kuchen	173
Käsekuchen mit Baiserhaube	174
Mandarinentraum	176
Negerkuss – Torte	178
Pflaumenkuchen mit Baiser	179
Prosecco – Apfel – Kuchen	180
Quark – Himbeer – Kuchen	182
Rhabarber – Baiser – Kuchen	184
Zupfkuchen mit Sauerkirschen	185

Biskuitteig

Birnentorte	186
Cappuccinotorte mit Vanille	188
Eierlikörtorte mit Nüssen	190
Espresso – Charlotte	192
Herzen – Torte	194
Käsesahnetorte mit Pfaumen	196
Kuppeltorte mit Mascarpone	198

6

Anmerkung zu den Rezepten

Damit alles gut gelingt, bitte folgendes beachten!

Alle Rezepte (außer Torten/Kuchen) sind für 4 „normale" Esser ausgelegt. Wenn nicht, ist es extra vermerkt.

Sofortgelatine / Fertiggelatine ist Gelatine in Pulverform und wird „trocken" untergerührt. Sie braucht nicht wie Blattgelatine eingeweicht und aufgelöst werden. Die Verarbeitung ist also wesentlich einfacher.

Für alle Traditionalisten:
30 g Sofortgelatine / Fertiggelatine = 6 Blatt Gelatine

Größenordnungen:

Auflaufform ist ca. 30 cm x 22 cm groß
Durchmesser der Springform / Kranzform = 28 cm
Durchmesser der Gugelhupfform = 22 cm
Größe des Backblechs = 43 x 37 cm (außen)
Größe der Kastenform = 30 cm (2,5 l)

Backofen

Backofentemperatur gilt immer als vorgeheizt
Temperatur für „normalen" Backofen (ohne Umluft)

Abkürzungen:

EL = Esslöffel

TL = Teelöffel

TK = Tiefkühlkost

Und für alle Rezepte gilt „Guten Appetit".

Suppen

mal cremig und mal rustikal

Basilikum - Creme - Suppe

Zutaten:

2 Töpfe frischer Basilikum
1 Stange Porree
200 g Schmand
400 ml Milch
100 ml Weißwein
500 ml Hühnerbrühe
4 EL Mehl
2 TL süßer Senf
Pfeffer, Salz, Olivenöl

Zubereitung:

- Basilikumblätter abzupfen und waschen.
- Porree in kleine Ringe schneiden.
- Ringe in Olivenöl andünsten.
- Das Mehl unterrühren.
- Nach und nach Milch und Brühe zugießen.
- Etwa 5 Minuten leicht köcheln lassen.
- Basilikum, Senf, Wein und Schmand zur Suppe geben.
- Alles zusammen pürieren.
- Noch einmal aufkochen lassen.
- Mit Salz und Pfeffer abschmecken.
- Auf den Suppentellern mit Basilikumblättern garniert servieren.

Bohneneintopf (vegan)

Zutaten für 6 – 8 Personen:

600 g Bohnen (TK)
200 g Erbsen (TK)
1 kg Kartoffeln
2 Zwiebeln
3 Knoblauchzehen
250 g Soja – Hackfleisch
1 Liter Gemüsebrühe
1 TL Bohnenkraut
Salz, Pfeffer, Zucker, Essig, Öl

Zubereitung:

- Kartoffeln schälen und klein würfeln.
- Soja-Granulat in Wasser einweichen und abtropfen lassen.
- Zwiebel und Knoblauch fein hacken.
- Beides mit dem Soja-Granulat in einem großen Topf in Öl anbraten.
- Mit der Gemüsebrühe ablöschen.
- Kartoffelwürfel zugeben und 15 Minuten köcheln lassen.
- Bohnen, Erbsen und Bohnenkraut untermengen.
- Noch einmal 15 Minuten köcheln lassen.
- Mit den Gewürzen, Zucker und Essig abschmecken.

Bohnensuppe aus Andalusien

Zutaten für 10 Personen:

750 g gemischte weiße, rote und schwarze Bohnen
900 g grüne Bohnen
600 g Zucchini
3 kleine Dosen Tomaten
3 kleine Chilischoten
3 Zwiebeln
5 Knoblauchzehen
4 EL Olivenöl
gehackte Petersilie
Salz, Pfeffer, Safran

Zubereitung:

- Die Bohnen über Nacht mit Wasser bedeckt einweichen.
- Am nächsten Tag mit 1 l frischem Wasser etwa eine Stunde kochen.
- Chili, Knoblauch und Zwiebel klein schneiden.
- Im Öl andünsten.
- Grüne Bohnen und Zucchini klein schneiden.
- Gemüse, Tomaten und Zwiebelmischung zur Suppe geben.
- Noch einmal 10 Minuten köcheln lassen.
- Mit den Gewürzen abschmecken.
- Auf Tellern mit Petersilie überstreut servieren.

Brokkoli - Creme - Suppe

Zutaten:

750 g Brokkoli
1 l Gemüsebrühe
2 Zwiebeln
3 Knoblauchzehen
150 g saure Sahne
150 g gekochter Schinken
3 Blätter Bärlauch
Öl, Pfeffer, Salz, Muskat

Zubereitung:

- Brokkoli in kleine Röschen schneiden.
- Zwiebeln und Knoblauch klein hacken.
- Beides in Öl glasig dünsten.
- Gemüsebrühe und Brokkoli zugeben.
- 15 Minuten garen lassen.
- Suppe mit einem Pürierstab pürieren.
- Saure Sahne einrühren.
- Schinken und Bärlauch klein schneiden.
- Geschnittenes zur Suppe geben.
- Die Suppe noch einmal 5 Minuten köcheln lassen.
- Mit Salz, Pfeffer und Muskat abschmecken.

Chili con Kaffee

Zutaten für 4 – 6 Personen:

3 kleine Dosen Kidneybohnen
700 g Hackfleisch
2 kleine Dose Pizzatomaten
2 EL Tomatenmark
2 Zwiebeln
3 Knoblauchzehen
300 ml Rinderbrühe
300 ml Altbier
400 ml starken Espresso
1 TL Kakaopulver
1 EL brauner Zucker
1 TL Kurkuma
Chilipulver, Oregano, Koriander
Salz, Pfeffer, Olivenöl

Zubereitung

- Zwiebeln und Knoblauch fein hacken.
- Beides in einem großen Topf mit Öl glasig dünsten.
- Hackfleisch zugeben und krümelig braten.
- Die flüssigen Zutaten zugeben.
- Kakaopulver, Pizzatomaten und Tomatenmark unterrühren.
- Alles fünf Minuten aufkochen lassen.
- Bohnen hinzufügen und weitere 30 Minuten köcheln lassen.
- Mit dem Zucker und den Gewürzen abschmecken.
- Je nach gewünschter Konsistenz evtl. weitere Brühe oder Bier hinzufügen.

Eintopf mit Sauerkraut

Zutaten für 4 - 5 Personen:

350 g Sauerkraut
500 g Kartoffeln
2 rote Paprika
3 Möhren
1 große Zwiebel
3 Knoblauchzehen
1 Dose Pizzatomaten (850 ml)
600 ml Fleischbrühe
10 Wacholderbeeren
2 TL Paprikapulver
Salz, Pfeffer, Öl

Zubereitung:

- Paprika, Kartoffel und Möhren klein würfeln.
- Zwiebel und Knoblauch fein hacken.
- Beides in Öl glasig dünsten.
- Kartoffeln und Möhren kurz mitdünsten.
- Mit der Brühe ablöschen.
- Wacholderbeeren, Tomaten, Paprika, und Paprikapulver zugeben.
- Mit Salz und Pfeffer scharf abschmecken.
- Etwa 10 Minuten köcheln lassen.
- Sauerkraut etwas klein machen.
- Kleines Kraut zur Suppe geben.
- Noch einmal etwa 20 Minuten köcheln lassen.
- Zum Schluss noch einmal abschmecken.

Erbsen - Möhren - Creme - Suppe

Zutaten:

600 g Möhren
300 g Kartoffeln
230 g Erbsen (TK)
1 Zwiebel
2 Knoblauchzehen
2 TL Ingwer
4 EL Sahne
900 ml Gemüsebrühe
100 ml Weißwein
frischer Dill
Salz, Pfeffer, Öl

Zubereitung:

- Zwiebel, Knoblauch und Ingwer fein zerhacken.
- Alles in etwas Öl glasig dünsten.
- Mit der Brühe und dem Wein ablöschen.
- Kartoffel und Möhren in kleine Stücke schneiden.
- Beides zur Suppe geben.
- Etwa 20 Minuten köcheln lassen.
- Nach 10 Minuten 180 g Erbsen zugeben.
- Nach Ende der Kochzeit die Suppe pürieren.
- Sahne und Resterbsen unterrühren.
- Suppe noch einmal kurz köcheln lassen.
- Salzen und Pfeffern.
- Dill klein hacken.
- Suppe auf Tellern servieren und mit Dill überstreuen.

Geflügel - Kokos - Suppe

Zutaten:

400 ml Kokosmilch
160 g Hühnerbrustfilet (Scheiben)
100 g Truthahnfilet (Scheiben)
1 Zwiebel
3 Knoblauchzehen
1 Stück Ingwer (walnussgroß)
2 EL Reis
50 g Butter
3 Lauchzwiebeln
100 g Mangofruchtfleisch
75 ml Orangensaft
2 EL Zitronensaft
1 TL Tahina – Paste (Sesampaste)
750 ml Geflügelbrühe
Currypulver, Chilipulver, Paprikapulver,
Kurkuma, Zimt, Kardamom,
Salz, brauner Zucker

Zubereitung:

- Ingwer, Zwiebel und Knoblauch fein hacken.
- Zusammen mit dem Reis in der Butter glasig dünsten.
- Mit Kokosmilch und Brühe ablöschen.
- Beide Fleischsorten in kleine Stücke schneiden.
- Je die halbe Menge in die Suppe geben.
- Mit den Gewürzen und Zitronensaft abschmecken.
- Suppe 20 Minuten köcheln lassen.
- Tahina und Orangensaft zur köchelnden Suppe geben.
- Danach die Suppe fein pürieren.
- Lauchzwiebeln und Mango in kleine Stücke schneiden.
- Mit dem Restfleisch in die Suppe geben.
- Aufkochen lassen und noch einmal abschmecken.
- Mit Lauchzwiebelstückchen garniert servieren.

Gemüse - Hacktopf

Zutaten:

500 g Hackfleisch
400 g Zucchini
4 Knoblauchzehen
400 g Tomaten
600 ml Gemüsebrühe
1 Dose Mais
100 g grüne Bohnen
1 Paprika
100 g kurze Nudeln
1 TL Balsamico
150 ml Weißwein
2 Zwiebeln
4 EL Tomatenmark
4 EL Olivenöl
Salz, Pfeffer, Rosmarin, Thymian, Oregano

Zubereitung:

- Zwiebeln und Knoblauch sehr klein hacken.
- Beides im Öl glasig dünsten.
- Hackfleisch zugeben und krümelig braten.
- Tomatenmark unterrühren.
- Mit Brühe und Wein ablöschen.
- Etwa 15 Minuten köcheln lassen.
- Zucchini, Tomaten, Paprika und Bohnen klein schneiden.
- Gemüse mit dem Mais zur Suppe geben.
- Mit den Gewürzen, Kräutern und Balsamico abschmecken.
- Nudeln untermengen.
- Weitere 15 Minuten köcheln lassen.
- Vor dem Servieren endgültig abschmecken.

Gemüse - Eintopf

Zutaten:

500 g Hackfleisch
1 kleine Dose Dicke Bohnen (oder 300g frische Bohnen)
1 kleine Aubergine
1 gelbe Paprika
1 rote Paprika
2 Zucchini
150 g Zuckererbsenschoten
2 Zwiebeln
4 Knoblauchzehen
1 Dose Tomatenstücke
150 ml Weißwein
300 ml Gemüsebrühe
1 TL gemischte Kräuter
Salz, Pfeffer, Öl, Chilipulver

Zubereitung:

- Bohnen abtropfen lassen.
- Das Gemüse klein schneiden.
- Zwiebeln und Knoblauch fein hacken.
- In einem Topf beides in Öl glasig dünsten.
- Fleisch zugeben und krümelig braten.
- Salzen und Pfeffern.
- Gemüse zugeben und etwas andünsten.
- Den Weißwein und die Brühe zugießen.
- Kurz aufkochen lassen.
- Tomaten mit Saft unterrühren.
- Bohnen untermengen.
- Mit den Gewürzen und Kräutern abschmecken.
- Eintopf etwa 45 Minuten klein köcheln lassen.

Kartoffel - Creme - Suppe

Zutaten:

1 l Gemüsebrühe
500 g Kartoffeln
1 Möhre
2 Stangen Porree
150 g Schlagsahne
50 ml Weißwein
100 gekochter Schinken
Salz, Pfeffer, Öl

Zubereitung:

- Kartoffeln und Möhre in kleine Würfel schneiden.
- Porree in Scheiben schneiden.
- Alles zusammen in Öl etwas andünsten.
- Mit der Brühe und dem Wein ablöschen.
- Etwa 20 Minuten köcheln lassen.
- Die Suppe pürieren.
- Schinken klein schneiden und zur Suppe geben.
- Die Sahne unterrühren.
- Noch einmal kurz aufkochen lassen.
- Mit Salz und Pfeffer abschmecken.

Kartoffelsuppe mit Bohnen

Zutaten:

750 g Kartoffeln
1 l Hühnerbrühe
3 Frühlingszwiebeln
3 Knoblauchzehen
500 g Brechbohnen
200 g gekochter Schinken
1 Bund Bohnenkraut
Öl, Pfeffer, Salz

Zubereitung:

- Bohnen in ca. 3 cm lange Stücke schneiden.
- Die Kartoffeln schälen und klein würfeln.
- Zwiebeln in schmale Röllchen schneiden.
- Knoblauch klein hacken.
- Frühlingszwiebeln und Knoblauch in Öl andünsten
- Den Schinken in kleine Stücke schneiden.
- Schinken kurz mit dem Zwiebelknoblauch anbraten.
- Mit der Hühnerbrühe ablöschen.
- Kurz aufkochen lassen.
- Kartoffeln, Bohnen und Bohnenkraut zugeben.
- Suppe etwa 25 Minuten köcheln lassen.
- Ab und zu umrühren.
- Mit Salz und Pfeffer abschmecken.

Kresse - Creme - Suppe

Zutaten:

500 ml Gemüsebrühe
500 ml Milch
400 g Kartoffeln
1 Möhre
100 g Kresse
2 EL Öl
100 g Schlagsahne
50 ml Weißwein
Salz, Pfeffer

Zubereitung:

- Kresse fein hacken
- Kartoffeln und Möhre in kleine Würfel schneiden.
- Zusammen in Öl etwas andünsten.
- Mit der Brühe, dem Wein und der Milch ablöschen.
- Etwa 20 Minuten köcheln lassen.
- Nach 10 Minuten Kochzeit die Kresse unterrühren.
- Die Suppe pürieren.
- Sahne in die pürierte Suppe rühren.
- Noch einmal kurz aufkochen lassen.
- Mit Salz und Pfeffer abschmecken.
- Mit Kresse garniert servieren.

Lauchzwiebel - Sahne - Suppe

Zutaten:

400 g Lauchzwiebeln
4 Knoblauchzehen
2 kleine Stangen Porree
500 ml Hühnerbrühe
100 g Schlagsahne
100 ml Weißwein (lieblich)
2 EL Öl
1 TL Zucker
Salz, Pfeffer

Zubereitung:

- Knoblauch fein hacken.
- Lauchzwiebeln und Porree in schmale Ringe schneiden.
- Knoblauch im Öl andünsten.
- Zwiebeln, Porree und Zucker zugeben und kurz mitdünsten.
- Brühe und Sahne zugießen.
- Mit Salz und Pfeffer würzen.
- 5 Minuten köcheln lassen.
- Suppe grob pürieren.
- Wein unter die Suppe rühren.
- Noch einmal kurz aufkochen lassen.
- Mit den Gewürzen endgültig abschmecken.
- Auf Suppentellern mit einem Klecks Sahne garniert anrichten.

Möhren - Creme - Suppe

Zutaten:

500 g Möhren
3 Zwiebeln
50 g Butter
3 Blutorangen
500 ml Gemüsefond
6 EL Schlagsahne
250 ml Wasser
Salz, Pfeffer

Zubereitung:

- Möhren in kleine Stücke schneiden.
- Die Zwiebeln klein hacken.
- Butter in einem Topf zerlassen.
- Die Zwiebeln und Möhren dazugeben.
- Beides etwa 5 Minuten dünsten lassen.
- Den Fond und das Wasser zugießen.
- Suppe zum Kochen bringen.
- Zugedeckt ca. 15 Minuten köcheln lassen.
- Suppe vom Herd nehmen.
- Orangen auspressen.
- Die Suppe fein pürieren.
- Den Orangensaft zugeben.
- Anschließend die Sahne unterrühren.
- Mit Salz und Pfeffer abschmecken.
- Suppe noch einmal erhitzen und servieren.

Nudelsuppe mit Linsen

Zutaten:

100 g gekochter Schinken
70 g kleine Nudeln
1 Dose Linsen (400 g)
1 Glas Sellerie
3 Knoblauchzehen
1 Zwiebel
1 Möhre
1200 ml Gemüsebrühe
2 EL Basilikumblätter
Öl, Salz, Pfeffer, Oregano

Zubereitung:

- Knoblauch und Zwiebel fein hacken.
- Möhre und Schinken in kleine Stücke schneiden.
- In einem Topf reichlich Öl erhitzen.
- Zwiebel und Knoblauch darin glasig dünsten.
- Schinken und Möhre zugeben und kurz mitdünsten.
- Nudeln untermischen und eine Minute darin wenden.
- Mit der Brühe ablöschen.
- Linsen unterrühren.
- Etwa 15 Minuten leicht köcheln lassen.
- Fünf Minuten vor Ende der Kochzeit den Sellerie unterrühren.
- Mit Salz, Pfeffer und Oregano abschmecken.
- Basilikum klein hacken.
- Kurz vor dem Servieren untermischen.

Papaya - Creme - Suppe

Zutaten:

1 unreife Papaya (Asia – Laden)
1 Bund Frühlingszwiebeln
2 cm frische Ingwerwurzel
Saft einer Orange
500 ml Gemüsebrühe
100 ml Sahne
1 Prise Zucker
Salz, Pfeffer, Currypulver

Zubereitung:

- Papaya in Streifen raspeln.
- Frühlingszwiebeln in Röllchen schneiden.
- Ingwer schälen und fein reiben.
- Brühe, Sahne und Orangensaft erhitzen.
- Papaya, Frühlingszwiebeln und Ingwer zugeben.
- Etwa 10 Minuten köcheln lassen.
- Suppe fein pürieren.
- Mit dem Zucker und den Gewürzen abschmecken.
- Noch einmal 5 Minuten köcheln lassen.
- Mit einem Klecks Sahne garniert servieren.

Porree – Kartoffelcreme – Suppe

Zutaten:

600 g Kartoffeln
3 Stangen Porree
2 mittelgroße Zwiebeln
4 Knoblauchzehen
300 g Schlagsahne
½ Bund Schnittlauch
400 ml Milch
5 EL Zitronensaft
1 Liter Gemüsebrühe
Salz, Pfeffer, Zucker, Öl

Zubereitung:

- Kartoffeln schälen und klein würfeln.
- Porree in Ringe schneiden.
- Zwiebel und Knoblauch fein hacken.
- Beides in einem Topf in Öl glasig dünsten.
- Kartoffeln und Porree zugeben.
- Alles zusammen 5 – 10 Minuten andünsten.
- Salzen, Pfeffern und etwas Zuckern.
- Mit der Brühe, 200 g Sahne, der Milch und Zitronensaft ablöschen.
- Zugedeckt etwa 20 Minuten köcheln lassen.
- Geköcheltes fein pürieren.
- Noch einmal mit Salz und Pfeffer abschmecken.
- Restsahne halbsteif schlagen.
- Schnittlauch in Röllchen schneiden.
- Suppe auf Suppentellern mit einem Klecks Sahne und Schnittlauch garniert servieren.
- Suppe schmeckt auch kalt serviert.

Rote Bete - Suppe

Zutaten für 5 - 6 Personen:

500 g Rote Bete (Glas bzw. vorgekocht)
1500 ml Gemüsebrühe
250 g Kartoffeln
200 g Sahne
1 EL Meerrettich (gerieben)
Pfeffer, Salz

Zubereitung:

- Kartoffeln und Rote Bete in kleine Stücke schneiden.
- Beides in der Gemüsebrühe 40 Minuten garen.
- Suppe mit einem Pürierstab pürieren.
- Mit Salz, Pfeffer und Meerrettich abschmecken.
- Sahne etwas schlagen (halbsteif).
- Die Suppe auf Suppenteller füllen.
- Jeweils 2 EL Sahne auf die angerichtete Suppe geben.

Spätzle - Suppe

Zutaten:

250 g Spätzle
2 Stangen Porree
1 Zwiebel
3 Knoblauchzehen
1 Zucchini
1 Dose Mais
150 g Cabanossi - Wurst
215 g Junge Dicke Bohnen (Abtropfgewicht)
2 l Gemüsebrühe
1 EL Basilikumblätter (gehackt)
Salz, Pfeffer, Oregano, Öl

Zubereitung:

- Cabanossi und Porree in dünne Scheiben schneiden.
- Zucchini klein würfeln.
- Bohnen und Mais abtropfen lassen.
- Zwiebel und Knoblauch fein hacken.
- Beides in Öl glasig dünsten.
- Cabanossi kurz mitdünsten.
- Mit der Brühe ablöschen.
- Aufkochen lassen.
- Bohnen, Porree, Zucchini, Mais und Spätzle untermischen.
- Salzen, Pfeffern, „Oreganosieren".
- Etwa 12 – 15 Minuten köcheln lassen.
- Mit dem Basilikum - Hack überstreut servieren.

Spaghetti - Suppe

Zutaten:

250 g Spaghetti
500 g Hackfleisch
2 kleine Zwiebeln
3 Knoblauchzehen
1 Stange Porree
2 Möhren
1 kleiner Brokkoli
1 Dose Pizzatomaten
1,5 l Gemüsebrühe
1 EL gehackte Petersilie
Salz, Pfeffer, Öl

Zubereitung:

- Möhren, Porree und Brokkoli klein schneiden.
- Zwiebeln und Knoblauch klein hacken.
- Beides in einem Topf mit Öl glasig dünsten.
- Hackfleisch zugeben und krümelig braten.
- Mit der Gemüsebrühe ablöschen.
- Aufkochen lassen.
- Spaghetti der Länge nach vierteln.
- Kleine Spaghetti in die Brühe geben.
- Etwa 10 Minuten köcheln lassen.
- Nach ca. 3 Minuten das Gemüse und die Tomaten zugeben.
- Mit den Gewürzen abschmecken.
- Suppe anrichten und mit der Petersilie garnieren.

Aufläufe

hier mal ohne Menschen

Grünkohl - Auflauf

Zutaten:

800 g Grünkohl (frisch)
800 g Kartoffeln
80 g Erbsen (TK)
200 g gekochter Schinken
2 Zwiebeln
5 Eigelb
400 g Naturjoghurt
100 ml kalte Milch
2 gehäufte TL Speisestärke
150 g geriebener Käse
2 EL frisch gehackter Koriander
Salz, Pfeffer, Muskatnuss, Olivenöl, Butter

Zubereitung:

- Kartoffeln in der Schale kochen.
- Grünkohl putzen und waschen.
- Grünkohlblätter in einen Topf mit Salzwasser legen.
- Blätter nach unten drücken und aufkochen lassen.
- Danach sofort in frisches kaltes Wasser legen.
- Anschließend gut abtropfen lassen.
- Die dicken Rippen bei den Blättern wegschneiden.
- Dann den Grünkohl in Streifen schneiden.
- Pellkartoffeln abpellen und in Scheiben schneiden.
- Gekochten Schinken in klein schneiden.
- Zwiebeln fein hacken und im Öl glasig dünsten.
- Grünkohl, Erbsen und Koriander kurz mitdünsten.
- Eigelb mit der Milch und Speisestärke verrühren.
- Joghurt unterrühren.
- Mit den Gewürzen kräftig würzen.
- Auflaufform mit Butter ausstreichen.

- Eine Lage Kartoffelscheiben in die Form einlegen.
- Leicht salzen, pfeffern.
- Halbe Menge Grünkohl und Schinken darüber legen.
- Etwa ein Drittel vom Eierguss übergießen.
- Halbe Käsemenge überstreuen.
- Restliche Kartoffeln und Schinken darauf verteilen.
- Leicht salzen, pfeffern.
- Den restlichen Grünkohl auflegen.
- Mit dem Restkäse überstreuen.
- Bei 200° C etwa 25 – 30 Minuten überbacken.

Gabelspaghetti - Auflauf

Zutaten:

400 g Gabelspaghetti
400 g Hackfleisch
2 Möhren
200 g Champignons
2 Stangen Porree
1 Zwiebel
3 Knoblauchzehen
2 kleine Dosen Pizzatomaten
2 EL Tomatenmark
2 Eier
150 g geriebener Käse
2 EL Creme fraîche
2 EL Italienische Kräuter
Salz, Pfeffer, Olivenöl

Zubereitung:

- Porree, Möhren und Pilze kleinschneiden.
- Zwiebel und Knoblauch fein hacken.
- Beides in Öl glasig dünsten.
- Hackfleisch zugeben und krümelig braten.
- Tomatenmark unterrühren.
- Gemüse und Pizzatomaten untermengen.
- Salzen und Pfeffern und etwa 10 Minuten garen.
- Spaghetti nach Packungsanweisung kochen.
- Eier, Creme fraîche, Kräuter und 50 g Käse verrühren.
- Soße mit Salz und Pfeffer abschmecken.
- Abgetropfte Spaghetti, Gemüse und Soße vermischen.
- Sofort in eine gefettete Auflaufform geben.
- Den Restkäse überstreuen.
- Bei 220° C etwa 15 – 20 Minuten überbacken.

Kartoffelauflauf mit Hack - Spinat

Zutaten:

1 kg Kartoffeln
350 g Blattspinat (TK)
350 g Hackfleisch
100 g Champignons
2 Zwiebeln
3 Knoblauchzehen
100 g Gorgonzola
100 g geriebener Käse
250 ml Gemüsebrühe
250 ml Milch
2 EL Mehl
Salz, Pfeffer, Oregano, Öl

Zubereitung:

- Den Spinat auftauen lassen.
- Pilze und Gorgonzola in kleine Stücke schneiden.
- Kartoffeln schälen und in klein würfeln.
- Zwiebeln und Knoblauch fein hacken.
- Beides mit den Pilzen im Öl anbraten.
- Hackfleisch zugeben und krümelig braten.
- Mehl unterrühren und kurz mitschwitzen lassen.
- Mit der Brühe und Milch ablöschen.
- Mit den Gewürzen abschmecken.
- Kartoffel zugeben und 15 Minuten leicht köcheln.
- Öfter dabei umrühren.
- Spinat, 50 g Käse und Gorgonzola unterrühren.
- Alles zusammen kurz dünsten.
- Masse in eine gefettete Auflaufform füllen.
- Den Restkäse überstreuen.
- Bei 200° C etwa 35 Minuten überbacken.

Kartoffelpüree - Hack - Auflauf

Zutaten:

1800 g Kartoffeln
800 g Hackfleisch
1 Aubergine
1 rote Paprika
1 grüne Paprika
1 große Möhre
250 g Champignons
300 g Cherry – Tomaten
2 große Zwiebeln
5 Knoblauchzehen
120 g Tomatenmark
80 g Butter
350 ml Milch
2 Eier
150 g Sahne
150 g Creme fraîche
1 Bund Schnittlauch
200 g geriebener Käse
Salz, Pfeffer, Muskat, Olivenöl

Zubereitung:

- Kartoffeln in der Schale kochen.
- Aubergine, Möhre, Paprika, Pilze und Tomaten in kleine Stücke schneiden.
- Zwiebeln und Knoblauch fein hacken.
- Beides in Olivenöl glasig dünsten.
- Hackfleisch zugeben und krümelig braten.
- Tomatenmark unterrühren.
- Das kleingeschnittene Gemüse kurz mitdünsten.
- Mit Salz und Pfeffer abschmecken.

- Schnittlauch in kleine Röllchen schneiden.
- Gegarte Kartoffeln pellen.
- Mit der Butter und Milch zu Püree stampfen.
- Schnittlauch untermengen und mit den Gewürzen abschmecken.
- Eine dünne Schicht Püree in eine große gefettete Auflaufform streichen. (Form ca. 36 x 24 cm)
- Gut ⅔ der Hackfleisch – Gemüsemasse darauf verteilen.
- Creme fraîche, Sahne, Eier und 50 g Käse verquirlen.
- Mit den Gewürzen abschmecken.
- Etwa ⅔ der Sahnemischung über die Hackfleischmasse gießen.
- Das restliche Püree aufstreichen.
- Als letzte Schicht die restliche Hackfleischmasse auflegen.
- Mit der restlichen Sahne übergießen.
- Den Restkäse darauf verteilen.
- Bei 200° C etwa 30 – 35 Minuten überbacken.

Kartoffelpüree – Kraut – Auflauf

Zutaten:

900 g Kartoffeln	500 g Sauerkraut
400 g Hackfleisch	2 große Zwiebeln
3 Knoblauchzehen	40 g Butter
120 g Tomatenmark	200 ml Milch
100 g geriebener Käse	150 g Sahne
Salz, Pfeffer, Muskat, Olivenöl	1 Ei

Zubereitung:

- Kartoffeln schälen und in Salzwasser kochen.
- Zwiebeln und Knoblauch fein hacken.
- Beides in Olivenöl glasig dünsten.
- Hackfleisch zugeben und krümelig braten.
- Tomatenmark unterrühren.
- Mit Salz und Pfeffer abschmecken.
- Gegarte Kartoffeln mit der Butter und Milch zu Püree stampfen.
- Mit den Gewürzen abschmecken.
- Eine dünne Schicht Püree in eine gefettete Auflaufform streichen.
- Etwa ⅔ der Hackfleischmasse darauf verteilen.
- Dann das Sauerkraut auf die Hackmasse geben.
- Danach das restliche Püree darauf verteilen.
- Als letzte Lage die restliche Hackmasse auflegen.
- Die Sahne mit dem Ei verquirlen.
- Mit den Gewürzen abschmecken.
- Eiersahne gleichmäßig über den Auflauf gießen.
- Den Käse darauf verteilen.
- Bei 200° C etwa 20 – 25 Minuten backen.

Nudelauflauf mit Champignons

Zutaten:

150 g kleine Nudeln
4 mittlere Stangen Porree
250 g braune Champignons
500 g weiße Champignons
3 Tomaten
1 EL Italienische Kräuter (TK)
1 EL Kräuterbutter
200 ml Gemüsebrühe
150 ml Milch
1 EL Mehl
200 g geriebener Käse
Salz, Pfeffer, Öl

Zubereitung:

* Pilze und Tomaten in kleine Stücke schneiden.
* Porree in dünne Ringe schneiden.
* Nudeln nach Packungsanweisung kochen.
* Pilze in Öl in einer Pfanne etwa 5 Minuten anbraten.
* Porree zugeben und kurz mitbraten und würzen.
* Nudeln, Pilze, Porree und Tomaten vermengen.
* Die Butter in einem Topf zerlassen.
* Mehl einrühren und anschwitzen lassen.
* Kalte Milch und kalte Brühe zugießen.
* Kurz aufkochen lassen, dabei immer wieder rühren.
* Die halbe Käsemenge und die Kräuter unterrühren.
* Mit den Gewürzen abschmecken.
* Soße unter die Nudel – Gemüsemischung rühren.
* Mischung in eine gefettete Auflaufform füllen.
* Restkäse überstreuen
* Bei 200° C etwa 20 Minuten überbacken.

Spargelauflauf mit Huhn

Zutaten:

750g Spargel
250 g Hühnerbrust
300 g Champignons
250 g Cherry – Tomaten
1 Zwiebel
3 Knoblauchzehen
200 g Schmand
200 g Creme fraîche
5 Eier
1 EL gehackte Petersilie
200 g geriebener Mozzarella
Salz, Pfeffer, Muskat, Öl

Zubereitung:

- Pilze, Tomaten und Huhn in kleine Stücke schneiden.
- Zwiebel und Knoblauch fein hacken.
- Beides in Öl glasig dünsten.
- Hühnerstücke zugeben und anbraten.
- Spargel schälen und in 3 cm Stücke schneiden.
- Gemüse und Fleisch in einer Schüssel vermischen.
- Etwa die halbe Käsemenge unterrühren.
- Alles in eine gefettete Auflaufform füllen.
- Schmand, Creme fraîche, Eier und Petersilie verquirlen.
- Mit den Gewürzen abschmecken.
- Abgeschmecktes gleichmäßig über den Auflauf gießen.
- Den Restkäse überstreuen.
- Bei 200° C auf der untersten Schiene ca. 45 - 55 Minuten überbacken.

Salate

für alle Gelegenheiten

Bohnensalat mit Meerrettich

Zutaten:

500 g frische Brechbohnen
1 Zucchini
2 große Möhren
2 rote Paprika
2 kleine Gläser Artischockenherzen
2 hartgekochte Eier
3 EL frische gehackte Petersilie
150 g Joghurt
100 g Schmand
4 EL Sahne-Meerrettich
1 EL Kräuter der Provence
1 TL Thymian
1 EL Zitronensaft
Salz, Pfeffer

Zubereitung:

- Bohnen in 3 cm lange Stücke schneiden.
- Möhren klein würfeln.
- Beides in kochendem Salzwasser ca. 6 – 8 Minuten garen.
- Danach gut abtropfen lassen.
- Paprika, Eier und Zucchini in kleine Stücke schneiden.
- Artischockenherzen abtropfen lassen und halbieren.
- Alles in eine Salatschüssel geben und vermengen.
- Meerrettich mit Joghurt und Schmand verrühren.
- Petersilie, Kräuter und Zitronensaft unterrühren.
- Mit Salz, Pfeffer und Thymian abschmecken.
- Meerrettich-Dressing unter den Salat mischen.
- Vor dem Servieren 1 Stunde kühl stellen.

Bunter Kartoffelsalat

Zutaten:

1200 g Kartoffeln
200 g Cherry – Tomaten
500 g Erbsen – Möhren – Mais – Gemüse (TK)
1 gelbe Paprika
300 ml Gemüsebrühe
4 EL Balsamico (hell)
3 EL Olivenöl
90 g Basilikum – Pesto (Fertigprodukt)
Parmesanspäne, Basilikumblätter
Salz, Pfeffer, Zucker

Zubereitung:

- Kartoffeln in der Schale garen.
- TK – Gemüse etwa 7 Minuten in Salzwasser kochen.
- Gegarte Kartoffeln pellen und in Würfel schneiden.
- Alles abkühlen lassen.
- Paprika klein schneiden.
- Tomaten vierteln.
- Kartoffeln, Gemüse, Paprika und Tomaten vermengen.
- Pesto, Balsamico, Öl und Brühe verrühren.
- Mit Zucker, Pfeffer und Salz abschmecken.
- Dressing unter den Salat mengen.
- Mindestens 45 Minuten ziehen lassen.
- Ab und zu umrühren.
- Mit Parmesan und Basilikum garniert servieren.

Bunter Marx - Salat

Zutaten für 8 - 10 Personen:

2 Dosen Kidneybohnen
2 Dosen Mais
4 Paprika (gemischt)
1 Bund Frühlingszwiebeln
400 g Cherry – Tomaten
1 Glas grüne Oliven
400 g Fetakäse
2 EL Olivenöl
4 EL Balsamico
4 EL Zucker
1 EL Senf
2 EL Ketchup
8 EL kochendes Wasser
Salz, Pfeffer, Oregano

Zubereitung:

- Die Oliven halbieren.
- Paprika, Zwiebeln, Tomaten und Fetakäse in kleine Stücke schneiden.
- Alles zusammen mit dem Mais und den Kidneybohnen vermengen.
- Aus den restlichen Zutaten eine Sauce herstellen.
- Die Sauce Pfeffern, Salzen und „Oreganoisieren".
- Abgeschmeckte Sauce mit den Salatzutaten vermengen.
- Zum Schluss noch einmal abschmecken.
- Mindestens eine Stunde kühl stellen.

Couscous – Pilze – Salat

Zutaten für 5 – 6 Personen:

250 g Couscous (Instant)
250 g Champignons
200 g Erbsen (TK)
1 gelbe Paprika
150 g Zuckererbsenschoten
250 g Cherry – Tomaten
3 hartgekochte Eier
3 kleine Zwiebeln
4 Knoblauchzehen
6 EL frisch gehackter Koriander
5 EL Olivenöl
3 EL Balsamico
1 EL Butter
Salz, Pfeffer, Oregano

Zubereitung:

- Pilze, Tomaten und Schoten in klein schneiden.
- Eier und Paprika klein würfeln.
- Zwiebeln und Knoblauch fein hacken.
- Beides in 2 EL Öl in einer Pfanne glasig dünsten.
- Pilze und Paprika etwa 5 Minuten mitdünsten.
- Erbsen und Schoten 5 Minuten in Salzwasser köcheln lassen.
- Couscous nach Packungsanweisung herstellen.
- Danach Couscous mit der Butter mit einer Gabel gut auflockern.
- Alle Zutaten in einer Salatschüssel gut vermischen.
- Restöl, Balsamico und Koriander unterrühren.
- Mit den Gewürzen abschmecken.
- Mindestens eine Stunde kühl stellen.

Curry - Nudelsalat

Zutaten für 4 – 5 Personen:

500 g Nudel (z.B. Farfalle)
200 g Cherry – Tomaten
300 g Erbsen (TK)
2 rote Paprika
1 Zwiebel
3 Knoblauchzehen
1 Bund Lauchzwiebeln
200 g gekochter Schinken
6 Eier
500 g Naturjoghurt
200 g Miracle Whip
6 EL Milch
4 EL Balsamico (hell)
1 EL Currypulver
Salz, Pfeffer

Zubereitung:

- Nudeln in Salzwasser garen.
- Erbsen auftauen lassen.
- Eier hart kochen.
- Zwiebel und Knoblauch fein hacken.
- Paprika, Lauchzwiebeln, Schinken klein schneiden.
- Cherry – Tomaten und ein Ei vierteln.
- Restliche Eier klein würfeln.
- Joghurt, Miracle Whip, Milch und Balsamico verrühren.
- Currypulver unterrühren.
- Mit Salz und Pfeffer abschmecken.
- Nudeln, Gemüse, Eierwürfel und Soße vermischen.
- Mindestens eine Stunde ziehen lassen.
- Mit den Efervierteln garniert servieren.

Dicke Bohnen - Salat

Zutaten für 3 - 4 Personen:

2 kg frische Dicke Bohnen (oder 500 g TK)
1 Glas Artischockenherzen (ca. 180 g)
1 Dose Mais
400 g Cherry - Tomaten
1 Zwiebel
3 Knoblauchzehen
1 Bund Schnittlauch
100 g Putenbrust (Scheiben)
200 g Creme fraîche
2 EL Balsamico
3 EL Olivenöl
1 EL Kürbiskernöl
Salz, Pfeffer, Paprikapulver, Oregano, Bohnenkraut

Zubereitung:

- Bohnen aus der Schote drücken.
- Salzwasser mit Bohnenkraut zum Kochen bringen.
- Ausgedrückte Bohnen darin 35 Minuten köcheln lassen.
- TK - Bohnen nach Packungsanweisung kochen.
- Artischocken, Pute und Tomaten klein schneiden.
- Gegarte Bohnen mit dem „Kleinzeug" vermengen.
- Schnittlauch in kleine Röllchen schneiden.
- Zusammen mit dem Mais ebenfalls untermengen.
- Zwiebel und Knoblauch klein hacken.
- Klein gehacktes mit Creme fraîche verrühren.
- Öl, Balsamico und Kürbiskernöl unterrühren.
- Mit den Gewürzen abschmecken.
- Sauce unter die Salatzutaten mischen.
- Salat abkühlen lassen.
- Vor dem Servieren durchrühren und evtl. nachwürzen.

Kartoffel - Bohnen - Salat

Zutaten:

700 g Kartoffeln
1 Dose weiße Bohnen (850 g Einwaage)
2 Zwiebeln
1 Bund Frühlingszwiebeln
100 g schwarze Oliven
3 hartgekochte Eier
6 Cherry - Tomaten
200 g Schmand
3 EL Balsamico (weiß)
2 TL Zucker
2 TL Senf
3 EL frische Petersilie
Salz, Pfeffer

Zubereitung:

- Kartoffeln in der Schale kochen.
- Abpellen und in kleine Stücke schneiden.
- Bohnen abgießen und kalt abspülen.
- Zwiebeln fein hacken.
- Frühlingszwiebeln, Tomaten und Eier klein schneiden.
- Oliven halbieren.
- Alles zusammen in einer Schüssel gleichmäßig vermengen.
- Schmand, Balsamico, Zucker und Senf verrühren.
- Mit Salz und Pfeffer abschmecken.
- Soße unter die Salatzutaten mischen.
- Mindestens eine Stunde kühl stellen.
- Vor dem Anrichten die Petersilie unterrühren.

Kichererbsen - Salat

Zutaten:

4 kleine Kartoffeln
3 kleine Dosen Kichererbsen
2 Zwiebeln
3 Knoblauchzehen
150 g Cherry - Tomaten
1 Aubergine
2 kleine Zucchini
3 kleine Paprika
4 EL Balsamico (dunkel)
2 EL Kürbiskernöl
3 EL frischen Koriander (gehackt)
Salz, Pfeffer, Salbei, Olivenöl

Zubereitung:

- Kartoffeln schälen und in kleine Würfel schneiden.
- Würfel in Salzwasser bissfest garen.
- Tomaten vierteln.
- Aubergine, Zucchini und Paprika klein würfeln.
- Zwiebeln und Knoblauch klein hacken.
- Kleingehacktes im Olivenöl glasig dünsten.
- Aubergine, Zucchini und Paprika zugeben.
- Alles zusammen etwa 7 – 10 Minuten anbraten.
- Kichererbsen abtropfen lassen.
- Alle „festen" Zutaten miteinander vermengen.
- Kürbiskernöl und Balsamico verrühren.
- Zusammen mit dem Koriander ebenfalls untermischen.
- Mit den Gewürzen abschmecken.
- Mindestens eine Stunde kühl stellen.

Möhrensalat

Zutaten für 4 – 5 Personen:

1 kg Möhren
250 g Erbsen (TK)
1 grüne Paprika
1 Zwiebel
3 Knoblauchzehen
3 Äpfel
4 Mandarinen
400 g Joghurt
2 EL Kürbiskernöl
1 EL Honig
1 Bund Schnittlauch (gehackt)
Saft von einer Limette
Salz, Pfeffer, Paprika, Zucker

Zubereitung:

- Die Erbsen in wenig kochendem Wasser garen.
- Paprika in sehr schmale, kurze Streifen schneiden.
- Möhren schälen und Äpfel entkernen.
- Zwiebeln klein hacken.
- Mandarinen schälen und in kleine Stücke schneiden.
- Apfelstücke (mit Schale) und Möhren fein raspeln.
- Zwiebelstückchen und Paprikastreifen untermengen.
- Erbsen und Mandarinen ebenfalls untermischen.
- Joghurt, Öl, Honig, Limettensaft als Soße verrühren.
- Knoblauch zerquetschen und mit dem Schnittlauch unterrühren.
- Mit den Gewürzen abschmecken.
- Soße gleichmäßig unter das Gemüse rühren.
- Salat etwa 1 – 2 Stunden ziehen lassen.
- Noch einmal durchrühren und abschmecken.

Spargelsalat mit Ei

Zutaten für 4 – 5 Personen:

1,5 kg Spargel
250 g Cherry – Tomaten
75 g Rucola
2 Schalotten
1 Bund Lauchzwiebeln
1 große Süßkartoffel
6 Eier
1 Bund Petersilie
200 g Creme fraîche
5 EL weißen Balsamico
5 EL Rapsöl
1 EL Senf
Butter, Zucker, Salz, Pfeffer, Paprika

Zubereitung:

- Die Eier hart kochen.
- Spargel schälen und in 4 cm lange Stücke schneiden.
- Stücke mit etwas Salz, Zucker und Butter bissfest garen.
- Danach abkühlen und gut abtropfen lassen.
- Süßkartoffel klein würfeln.
- In Salzwasser bissfest garen (ca. 5 – 10 Minuten).
- Schalotten, Tomaten und Zwiebeln klein schneiden.
- Alle bisherigen Zutaten in einer Schüssel vermischen.
- Halbe Rucolamenge ebenfalls vorsichtig untermengen.
- Eier pellen und vierteln.
- Viertel von 3 Eiern mit Creme fraîche pürieren.
- Essig, Öl, Senf und gehackte Petersilie unterrühren.
- Dressing mit den Gewürzen abschmecken.
- Abgeschmecktes mit den Salatzutaten vermischen.
- Mit den restlichen Eiern und Rucola garniert servieren.

Tomatensalat mit Koriander

Zutaten:

10 Tomaten
2 Frühlingszwiebeln
4 EL Essig
2 EL Wasser
5 EL Olivenöl
1 TL Korianderpulver
Salz, Pfeffer

Zubereitung:

- Tomaten und Zwiebeln in Scheiben schneiden.
- Auf 4 flachen Tellern anrichten.
- Essig, Wasser, Öl, Salz, Pfeffer und Koriander vermischen.
- Sauce über die Tomaten träufeln.

Gebackenes

angefertigt und rein in den Backofen

Bunte Pizza

Zutaten Boden:

400 g Mehl
40 g Hefe
250 ml Milch
2 TL Zucker
½ TL Salz

Zutaten Belag:

500 g grüner Spargel
1 Zwiebel
250 g frische Champignons
250 g Cherry - Tomaten
6 hartgekochte Eier
1 gelbe Paprika
300 g kleine Mozzarellakugeln
100 g geriebener Käse
1 Dose Pizzatomaten
3 EL Gewürzketchup
1 EL Tomatenmark
1 EL italienische Kräuter
Salz, Pfeffer, Paprikapulver

Zubereitung:

- Hefe klein würfeln und mit dem Zucker, etwas Mehl Milch zu einem Vorteig verrühren.
- Den Teig 10 Minuten zugedeckt ruhen lassen.
- Restliches Mehl, Milch und Salz hinzufügen.
- Alles verrühren bis sich der Teig vom Schüsselrand löst.
- Teig eine halbe Stunde zugedeckt gehen lassen.
- In der Ruhezeit die Zwiebel fein hacken.

- Pilze in dünne Scheiben schneiden.
- Mozzarellakugeln halbieren.
- Tomaten und Eier vierteln.
- Spargel und Paprika in Stücke schneiden.
- Die Spargelstücke ca. 5 Minuten in Salzwasser garen.
- Pizzatomaten, Zwiebel, Tomatenmark, Ketchup und Kräuter verrühren.
- Mit den Gewürzen abschmecken.
- Den aufgegangenen Teig kurz durchkneten.
- Teig auf einem gefetteten Backblech ausrollen.
- Pizzatomatenmischung auf den Teig streichen.
- Belagzutaten gleichmäßig bunt auf dem Teig verteilen.
- Etwas Salz, Pfeffer und Paprikapulver überstreuen.
- Zum Schluss den geriebenen Käse auf die Pizza geben.
- Bei 220° C etwa 15 - 20 Minuten backen.

Alternativ:

1½ Päckchen Trockenhefe statt Frischhefe

- Mehl, Zucker, Hefe, Salz vermischen.
- Mit der Milch verrühren, bis der Teig sich vom Schüsselrand löst.
- Teig eine halbe Stunde zugedeckt gehen lassen.
- Weiter wie oben

Dicke Bohnen - Quiche

Zutaten:

1 kg frische Dicke Bohnen (oder 300 g TK)
200 g Creme fraîche
250 g Frischkäse mit Kräutern
100 g gekochter Pfefferschinken
3 Knoblauchzehen
8 Eier
Saft einer halben Zitrone
2 EL Dill (gehackt)
1 EL Bohnenkraut
Salz, Pfeffer, Paprikapulver

Zubereitung:

- Bohnenkerne aus den Schoten lösen.
- In Salzwasser mit Bohnenkraut 30 Minuten kochen.
- TK Bohnen nach Packungsanweisung garen.
- Schinken in kleine Stücke schneiden.
- Knoblauch fein hacken.
- Eier mit Creme fraîche und Frischkäse verrühren.
- Zitronensaft, Knoblauch, Schinken und Dill untermischen.
- Zum Schluss die abgeschütteten Bohnen unterrühren.
- Masse in eine gefettete Quicheform gießen.
- Bei 200° C etwa 40 Minuten überbacken.

Falscher Hase

Zutaten:

800 g Hackfleisch
1 Ei
2 hart gekochte Eier
1 große Möhre
3 Gewürzgurken
2 EL Paniermehl
2 Zwiebeln
3 Knoblauchzehen
4 Scheiben Nussschinken
1 EL Balsamico
Salz, Pfeffer, Currypulver, Oregano, Senf, Öl

Zubereitung:

- Möhre und Gewürzgurken in kleine Stücke schneiden.
- Zwiebel und Knoblauch fein hacken.
- Alles zusammen mit dem Hackfleisch verkneten.
- Balsamico, Ei und Paniermehl untermengen.
- Mit den Gewürzen abschmecken.
- Gekochte Eier längs halbieren.
- Halbierte Eier mit Schinken umwickeln.
- Hackteig in eine gefettete, ofenfeste Form legen.
- Dabei aus dem Teig eine längliche Form bilden.
- Der Länge nach eine Mulde in den Teig formen.
- In die Mulde die Schinken – Eier drücken.
- Teig nach oben hin wieder verschließen.
- Den Braten mit Senf bestreichen.
- Bei 220° C etwa 45 – 50 Minuten braten.

Gemüse - Hack - Pie

Zutaten für 4 - 5 Personen:

1 kg Kartoffeln
500 g Hackfleisch
2 Zwiebeln
4 Knoblauchzehen
2 Dosen Pizzatomaten
2 rote Paprika
2 große Möhren
1 Dose Mais
100 g Erbsen (TK)
200 g Saure Sahne
1 TL Instant-Brühepulver
1 EL Mehl
2 TL süße Sojasauce
Milch, Olivenöl, Weißwein
Pfeffer, Salz, Muskat

Zubereitung:

- Kartoffeln in der Schale garen.
- Zwiebeln und Knoblauch fein hacken.
- Beides in Öl glasig dünsten.
- Fleisch zugeben und krümelig braten.
- Tomaten abgießen und die Flüssigkeit auffangen.
- Tomatensaft mit Brühepulver und Mehl verrühren.
- Saft mit Wein auf 300 ml auffüllen.
- Flüssigkeit unter das Fleisch rühren und aufkochen lassen.
- Möhren und Paprika in kleine Stücke schneiden.
- Zusammen mit Mais, Erbsen, Tomaten und Sojasauce zum Fleisch geben und unterrühren.
- Salzen und Pfeffern.

- Zugedeckt etwa 25 Minuten köcheln lassen.
- Kartoffeln pellen.
- Zwei Drittel der Kartoffel durch eine Kartoffelpresse geben.
- Kartoffelbrei mit Sahne und Milch sämig verrühren.
- Mit den Gewürzen abschmecken.
- Restliche Kartoffeln in dünne Scheiben schneiden.
- Scheiben in eine gefettete große Auflaufform legen.
- Fleischgemüse auf die Kartoffelscheiben geben.
- Kartoffelbrei als Haube vorsichtig aufstreichen.
- Bei 180° C etwa 15 – 20 Minuten goldgelb überbacken.

Gemüsekuchen

Zutaten Teig:

270 g Mehl
2 Eier
1 Prise Salz

140 g Butter
1 Eigelb

Zutaten Belag:

3 Eier
300 g Erbsen (TK)
2 Bund Petersilie
100 g geriebener Käse

600 g Möhren
1 kleine Stange Porree
270 g Creme fraîche
Salz, Pfeffer, Muskat

Zubereitung:

- Teigzutaten zu einem geschmeidigen Teig verkneten.
- In Folie gewickelt eine Stunde kühl ruhen lassen.
- Möhren in dünne Scheiben schneiden.
- Eine Minute in kochendes Salzwasser geben.
- Danach die Möhren mit kaltem Wasser erschrecken.
- Petersilie klein hacken.
- Möhren, Petersilie und unaufgetaute Erbsen vermischen.
- Mürbeteig in eine gefettete Springform/Tarteform drücken.
- Dabei einen 3 cm hohen Rand hochziehen.
- Gemüse auf dem Teig verteilen.
- Creme fraîche mit den Eiern verquirlen.
- Mit Salz, Pfeffer und Muskat abschmecken.
- Eier – Creme fraîche über das Gemüse gießen.
- Mit dem Käse überstreuen.
- Bei 200° C etwa 45 Minuten backen.
- Evtl. mit Alufolie abdecken.

Gemüse - Quiche mit Brie

Zutaten Teig:

200 g Mehl   80 g Butter
1 TL Salz   4 EL Wasser
1 Prise Muskat

Zutaten Belag:

700 g Pfannengemüse (TK)   350 g Creme fraîche
150 g Briekäse   3 Eier
50 g geriebener Käse   Kräuterbutter
Salz, Pfeffer, Paprika   1 EL Oregano

Zubereitung:

- Alle Teigzutaten gleichmäßig verkneten.
- Teig in einer gefetteten Quicheform auslegen (Rand hochziehen).
- Bei mittlerer Hitze ca. 8 Minuten vorbacken.
- Pfannengemüse unaufgetaut in der Kräuterbutter anbraten.
- Creme fraîche, Oregano und die Eier verquirlen.
- Geriebenen Käse untermengen.
- Mit den Gewürzen abschmecken.
- Gemüse auf dem vorgebackenen Teig verteilen.
- Creme fraîche – Eier – Soße gleichmäßig darauf verteilen.
- Bei 200° C etwa 25 Minuten backen.
- Briekäse in dünne Scheiben schneiden.
- Scheiben auf die Quiche legen.
- Noch einmal etwa 10 Minuten weiterbacken.

Hackfleischkuchen

Zutaten Teig:

250 g Mehl
100 g Butter
1 TL Salz
1 TL Essig

Zutaten Belag:

300 g Hackfleisch
150 g Möhren
150 g Sellerie
150 g Porree
1 Paprika
1 Zwiebel
3 Knoblauchzehen
50 g Tomatenwürfel
200 g Sahne
2 Eier
1 TL Oregano
2 EL gehackte Petersilie
2 EL gehackter Schnittlauch
Pfeffer, Salz, Muskat

Zubereitung:

- Teigzutaten mit 125 ml Wasser zu einem geschmeidigen Teig verkneten.
- Teig in Folie wickeln und 20 Minuten kalt ruhen lassen.
- Danach den Teig in eine gefettete Springform geben.
- Dabei einen 3 cm hohen Rand hochziehen.
- Bei 200° C etwa 10 Minuten vorbacken.
- Etwas abkühlen lassen.
- Gemüse in kleine Würfel schneiden.

- In kochendem Salzwasser das Gemüse 5 Minuten blanchieren.
- Zwiebel und Knoblauch fein hacken.
- Beides in Öl glasig dünsten.
- Hackfleisch zugeben und krümelig braten.
- Gemüse, Hackfleisch, Tomaten, Kräuter vermischen und würzen.
- Hackgemüse auf den vorgebackenen Boden geben.
- Die Sahne mit den Eiern verquirlen.
- Mit den Gewürzen abschmecken.
- Eiersahne über das Hackgemüse gießen.
- Bei 200° C etwa 35 Minuten backen.

Käse - Spinat - Pie

Zutaten Teig:

500 g Mehl
1 TL Salz
250 g Butter
¼ Liter Wasser

Zutaten Füllung:

500 g Tiefkühl-Blattspinat
500 g Ricotta-Käse
1 Zwiebel
3 Knoblauchzehen
6 hart gekochte Eier
4 EL Mehl
3 EL Olivenöl
1 Eigelb
80 g Parmesankäse
1 EL Milch
Oregano, Salz, Pfeffer

Zubereitung:

- Alle Teigzutaten zu einem glatten Teig verkneten.
- Teig etwa 3 Stunden im Kühlschrank ruhen lassen.
- Spinat auftauen.
- Zwiebel und Knoblauch fein hacken.
- Zusammen mit dem Spinat im Öl ein paar Minuten dünsten.
- Spinat abkühlen lassen.
- Ricotta, Mehl, Parmesankäse vermischen.
- Spinat dazugeben und gut durchrühren.
- Mit Salz, Pfeffer und Oregano würzen.
- Den Teig je zur Hälfte rund ausrollen.

- Eine gefettete Pieform (Springform) mit einer Teighälfte belegen.
- Dabei einen Rand hochziehen.
- Teig mit etwas Öl bestreichen.
- Die Spinat-Käsemasse einfüllen.
- Eier halbieren und in die Füllung drücken.
- Die zweite Teigplatte auflegen.
- Dabei die Ränder zusammendrücken.
- Eigelb, Milch, etwas Parmesan und etwas Öl verrühren.
- Pie mit der Mischung bestreichen.
- Bei 200° C etwa 60 - 70 Minuten goldgelb backen.
- Vor dem Anschneiden auskühlen lassen.

Kartoffel - Brokkoli - Tarte

Zutaten:

6 Filo- bzw. Yufka-, Strudelteigblätter (30 x 31 cm)
300 g Brokkoli
350 g kleine Kartoffeln
500 g Schichtkäse
2 Eier
4 EL Paniermehl
60 g Butter
2 EL Speisestärke
Salz, Pfeffer, Muskat

Zubereitung:

- Teigblätter 20 Minuten vor der Verarbeitung aus dem Kühlschrank nehmen.
- Brokkoli in kleine Röschen teilen.
- Kartoffeln gut waschen und 20 Minuten kochen.
- Butter schmelzen lassen.
- Tarteform dünn damit einfetten.
- Ein Teigblatt in die Form legen.
- Mit Butter bestreichen.
- Die anderen Teigblätter versetzt nacheinander ebenfalls einlegen (jeweils mit Butter bestreichen).
- Alle Teigblätter mit Paniermehl bestreuen.
- Eier, Stärke und Käse cremig rühren.
- Mit den Gewürzen abschmecken.
- Eier – Käsecreme auf die Teigblätter streichen.
- Kartoffeln längs halbieren
- Die Kartoffelhälften leicht in die Käsecreme drücken.
- Brokkoli gleichmäßig auf die Tarte geben.
- Bei 200° C ca. 40 Minuten backen.
- Nach etwa 25 Minuten mit Alufolie abdecken.

Kartoffel - Tortilla

Zutaten:

1 kg Kartoffeln
2 Zwiebeln
4 Eier
250 ml Milch
50 g geriebener Käse
300 g Porree
3 Tomaten
2 EL Olivenöl
3 Knoblauchzehen
Salz, Pfeffer, Paprika

Zubereitung:

- Kartoffeln in der Schale kochen.
- Porree in dünne Scheiben schneiden.
- Zwiebeln und Knoblauch fein hacken.
- Tomaten entkernen und in kleine Würfel schneiden.
- Knoblauch und Zwiebeln im Öl glasig dünsten.
- Porree zugeben und 5 Minuten mitdünsten.
- Tomatenstücke untermengen.
- Kartoffeln pellen und in Scheiben schneiden.
- Die Kartoffelscheiben vorsichtig unter das Gemüse mengen.
- Mit Salz, Pfeffer und Paprika würzen.
- Alles in eine flache Auflaufform füllen.
- Milch und Eier verquirlen und würzen.
- Eiermilch über die Tortilla geben.
- Bei 175° C 25 Minuten stocken lassen.
- Käse überstreuen und 5 Minuten weiterbacken.

Lasagne mit Sauerkraut

Zutaten:

12 Spinat - Lasagneplatten
750 g Sauerkraut mit Prosecco und Ananas
2 Paprikaschoten
1 Dose Mais
2 Zwiebeln
4 Knoblauchzehen
3 EL Tomatenmark
150 ml Gemüsebrühe
300 g Creme fraîche mit Kräutern
200 ml Milch
200 g geriebener Käse
Salz, Pfeffer, Paprika, Zucker, Öl

Zubereitung:

- Zwiebeln und Knoblauch fein hacken.
- Paprika in kleine Würfel schneiden.
- Knoblauch und Zwiebeln mit dem Öl glasig dünsten.
- Gewürfelte Paprika zugeben und kurz mitdünsten.
- Sauerkraut, Mais, Brühe, Tomatenmark unterrühren.
- Etwa 5 Minuten garen und abschmecken.
- Milch und Creme fraîche verrühren.
- Eine Auflaufform einfetten.
- Lasagneplatten und Krautmischung abwechselnd einschichten.
- Auf die jeweilige Krautschicht etwas Käse und „Milchsauce" geben.
- Letzte Lage sollte Lasagne sein.
- Milchsauce gleichmäßig über die Lasagne geben.
- Mit Käse überstreuen.
- Bei 180° C etwa 40 Minuten überbacken.

Linsen - Tarte

Zutaten:

260 g Mehl
50 ml Wasser
350 ml Gemüsebrühe
1 TL Speisestärke
3 Knoblauchzehen
2 EL Tomatenmark
50 g geriebener Käse

140 g Butter
200 g rote Linsen
2 rote Paprika
1 Zwiebel
1 Ei
4 EL Petersilie
Pfeffer, Salz

Zubereitung:

- Mehl, 120 g Butter und Wasser in eine Schüssel geben.
- Alles zu einem glatten Teig verkneten.
- Teig in Folie gewickelt etwa 30 Minuten kühl ruhen lassen.
- Linsen und Brühe zum Kochen bringen.
- Etwa 10 Minuten köcheln lassen.
- Weich gekochte Linsen pürieren.
- Zwiebel und Knoblauch fein hacken.
- Paprika in kleine Stückchen schneiden.
- Knoblauch, Zwiebel und Paprika in der Restbutter weich dünsten.
- Frische Petersilie klein hacken.
- Paprika, Zwiebel, Stärke, Tomatenmark, Petersilie, Linsenpüree, Käse und das Ei vermischen.
- Füllungsmischung salzen und pfeffern.
- Den Teig ausgerollt in eine Tarteform (Springform) geben.
- Dabei einen Rand hochziehen.
- Teigboden mit einer Gabel mehrfach einstechen.
- Linsenmischung auf den Teigboden verteilen.
- Bei 200° C etwa 30 Minuten backen.

Möhren - Torte

Zutaten:

6 große Champignons
3 Knoblauchzehen
250 g Mehl
250 g Schmand
1 TL getrocknete Petersilie
Salz, Pfeffer, Muskatnuss, Zucker

1 kg Möhren
1 Zwiebel
6 Eier
125 g Butter
100 g Schlagsahne
Paniermehl

Zubereitung:

- Pilze in kleine Stücke schneiden.
- Möhren fein raspeln.
- Mehl, Butter, ein Ei und je 1 Prise Zucker und Salz verkneten.
- Teig in eine gefettete Springform (oder Tarteform) drücken, bzw. ausrollen.
- Dabei einen 3 cm Rand hochziehen.
- Teig etwa 45 Minuten kühl ruhen lassen.
- Zwiebel und Knoblauch fein hacken.
- Beides in etwas Öl glasig dünsten.
- Pilze zugeben und mitdünsten.
- Möhrenraspel unterrühren und etwa 5 Minuten dünsten.
- Salzen und Pfeffern.
- Eier, Sahne, Schmand und Petersilie verrühren.
- Mit den Gewürzen abschmecken.
- Tortenboden mit Paniermehl ausstreuen.
- Möhrenmischung mit der halben Eiermasse mischen.
- Mischung auf dem Tortenboden gleichmäßig verteilen.
- Restliche Eiermasse über die Möhren gießen.
- Bei 175° C etwa 50 Minuten überbacken.

Paprikatarte

Zutaten:

250 g Weizenmehl	125 g Butter
1 Prise Salz	1 große Zwiebel
2 gelbe Paprika	2 rote Paprika
3 Eier	150 g Zucchini
2 El Olivenöl	100 g geriebener Käse
½ TL Paprikapulver	1 Bund Petersilie
je ½ TL Salz, Pfeffer	

Zubereitung:

- Butter, Mehl, 1 Ei, 2 EL kaltes Wasser und 1 Prise Salz rasch verkneten.
- Den Teig 30 Minuten im Kühlschrank ruhen lassen.
- Die Zwiebel fein hacken.
- Paprikaschoten waschen und klein würfeln.
- Zucchini waschen und grob raspeln.
- Zwiebel im Öl glasig dünsten.
- Paprika und Zucchini etwa 5 Minuten mitdünsten.
- Mit den Gewürzen abschmecken.
- Masse etwas abkühlen lassen.
- Eine Springform einfetten.
- Den Teig ausrollen bzw. in die Form drücken.
- Dabei einen Rand von etwa 3 cm hochziehen.
- Die Petersilie grob hacken.
- Die übrigen Eier mit dem Käse und der Petersilie verquirlen.
- Verquirltes unter das Gemüse mischen.
- Gemüsemasse auf den Teig geben.
- Bei 200° C etwa 35 bis 40 Minuten backen.

Pfannkuchen - Lasagne

Zutaten:

500 g Champignons
500 g Brokkoli
300 g Cherry – Tomaten
500 g Hackfleisch
550 ml Milch
175 g Mehl
100 g geriebener Käse
40 g Butter
4 Eier
2 TL Gemüsebrühepulver
Salz, Pfeffer, Öl

Zubereitung:

- Aus 125 g Mehl, 2 Eiern, 300 ml Milch und einer Prise Salz einen glatten Teig rühren.
- Teig etwa 30 Minuten ruhen lassen.
- Tomaten, Pilze und Brokkoli in kleine Stücke teilen.
- Pilze in einer Pfanne goldbraun braten.
- Brokkoli etwa 6 Minuten blanchieren.
- Danach gut abtropfen lassen.
- Hackfleisch mit wenig Fett krümelig braten.
- Tomaten zugeben und kurz mitdünsten.
- Brokkoli und Pilze untermischen.
- Mit den Gewürzen abschmecken.
- Butter in einem Topf auflösen.
- Restmehl in der Butter anschwitzen lassen.
- Restmilch und 500 ml Wasser nach und nach unterrühren.
- Brühepulver einrühren und 5 Minuten köcheln lassen.
- Sauce etwas abkühlen.

- Evtl. die Sauce mit zusätzlichem Mehl etwas andicken.
- In einer Pfanne aus dem Teig 4 Pfannkuchen in Größe einer Springform backen.
- Einen Pfannkuchen in die gefettete Springform geben.
- Je ein Viertel Gemüsehack und Sauce darauf verteilen.
- Abwechselnd Pfannkuchen und „Gemüsehack und Sauce" weiter aufschichten.
- Letzte Schicht Gemüsesauce mit Käse überstreuen.
- Bei 200° C etwa 25 – 30 Minuten überbacken.

Pizza mit Kidneybohnen

Zutaten Boden:

400 g Mehl
40 g Hefe
250 ml Milch
2 TL Zucker
½ TL Salz

Zutaten Belag:

2 kleine Dosen Kidneybohnen
300 g Kaisergemüse (TK)
150 g Kabanossi
2 kleine Peperoni
200 g geriebener Käse
2 Dosen Pizzatomaten
1 EL italienische Kräuter
Salz, Pfeffer, Paprikapulver, Oregano

Zubereitung:

- Hefe klein würfeln und mit dem Zucker, etwas Mehl und Milch zu einem Vorteig verrühren.
- Den Teig 10 Minuten zugedeckt ruhen lassen.
- Restliches Mehl, Milch und ½ TL Salz hinzufügen.
- Verrühren bis sich der Teig vom Schüsselrand löst.
- Teig eine halbe Stunde zugedeckt gehen lassen.
- Kidneybohnen abtropfen lassen.
- Kabanossi und Peperoni sehr klein schneiden.
- Den aufgegangenen Teig kurz durchkneten.
- Teig auf einem gefetteten Backblech ausrollen.
- Pizzatomaten auf dem Teig verteilen.
- Salzen und Pfeffern

- Bohnen, Gemüse, Kabanossi und Peperoni gleichmäßig auf den Teig geben.
- Etwas Salz, Pfeffer, Paprika, Oregano und die Kräuter überstreuen.
- Zum Schluss den geriebenen Käse auf die Pizza geben.
- Bei 220° C etwa 15 - 20 Minuten backen.

Alternativ:

1½ Päckchen Trockenhefe statt Frischhefe

- Mehl, Zucker, Hefe, Salz vermischen.
- Mit der Milch verrühren, bis der Teig sich vom Schüsselrand löst.
- Teig eine halbe Stunde zugedeckt gehen lassen.

Weiter wie oben

Porree - Tarte

Zutaten Teig:

100 g Speisestärke
150 g Mehl
140 g Butter
2 Eigelb
3 EL Wasser

Zutaten Belag:

2 Zwiebeln
150 g Hackfleisch
600 g Porree
150 g Möhren
4 Knoblauchzehen
3 Tomaten
4 Eier
250 g Naturjoghurt
1 EL Kräutermischung
Salz, Pfeffer, Muskat, Öl

Zubereitung:

- Teigzutaten mit je 1 Prise Salz und Muskat zu einem glatten Teig verkneten.
- Teig 45 Minuten kühl stellen.
- Für den Belag Zwiebeln und Knoblauch klein hacken.
- Beides mit Öl in einer Pfanne glasig dünsten.
- Hackfleisch zugeben und krümelig braten.
- Zwiebel – Hackmischung beiseite stellen.
- Porree und Möhren klein schneiden.
- Gemüse in einer Pfanne mit Öl anbraten.
- Tomaten klein schneiden und untermischen.
- Mit Salz, Pfeffer und Kräutern abschmecken.

- Fleisch mit dem Gemüse mischen und abkühlen lassen.
- Teig in eine gefettete Springform drücken.
- Dabei einen Rand von ca. 3 cm hochziehen.
- Eier und Joghurt verrühren.
- Joghurt – Eier – Mischung mit dem Gemüse vermischen.
- Gemüse auf den Teig geben.
- Bei 200° C etwa 30 Minuten backen.

Roquefort – Quiche mit Spinat

Zutaten:

300 g Blattspinat
3 Stangen Porree
250 g Roquefort – Käse
150 gekochter Schinken
6 Cherry – Tomaten
50 g geriebener Käse
Salz, Pfeffer

200 g Mehl
2 Zwiebeln
3 Knoblauchzehen
150 g Magerquark
150 g Creme fraîche
3 Eier
Oregano, Olivenöl

Zubereitung:

- Mehl, Quark, 5 EL Öl und eine Prise Salz verkneten.
- Teig etwa 30 Minuten kalt ruhen lassen.
- Spinat, Porree und Schinken klein schneiden.
- Zwiebeln und Knoblauch fein hacken.
- Gehackte „Knoblauch - Zwiebeln" in Öl glasig dünsten.
- Porree, Spinat und Schinken fünf Minuten mitdünsten.
- Roquefort in kleine Stücke schneiden.
- Creme fraîche, Eier und Roquefort verquirlen.
- Alles zusammen unter das Gemüse mengen.
- Mischung salzen, pfeffern und „oreganosieren".
- Teig in eine gefettete Quicheform (oder Springform) drücken.
- Dabei einen Rand hochziehen.
- Gemüsemischung auf den Teig geben.
- Tomaten in Scheiben schneiden und auf das Gemüse legen.
- Geriebenen Käse überstreuen.
- Bei 200° C etwa 35 Minuten überbacken.

Sauerkraut - Tarte

Zutaten Teig:

200 g Mehl	120 g Butter
1 EL kaltes Wasser	1 Eigelb
Salz, Pfeffer	

Zutaten Belag:

75 g geriebener Käse	500 g Sauerkraut
3 Knoblauchzehen	1 Zwiebel
250 g gekochte Kartoffeln	2 Eier
100 ml Apfelsaft	150 ml Milch
2 TL Senf	Salz, Pfeffer, Öl

Zubereitung:

- Alle Teigzutaten zu einem glatten Teig verkneten.
- Teig in Folie gewickelt 30 Minuten kühl stellen.
- Für den Belag Zwiebel und Knoblauch fein hacken.
- Beides im Öl andünsten und den Apfelsaft zugießen.
- Sauerkraut ebenfalls zugeben.
- Salzen und Pfeffern.
- Alles garen, bis die Flüssigkeit verkocht ist.
- Etwas abkühlen lassen.
- Teig in eine gefettete Springform drücken (ausrollen).
- Dabei einen Rand von ca. 3 cm hochziehen.
- Sauerkraut auf den Tarteboden geben.
- Kartoffeln in Scheiben schneiden.
- Scheibenkartoffeln auf das Sauerkraut legen.
- Eier, Senf und Milch verrühren.
- Mit Salz und Pfeffer abschmecken.
- Eiermilch über die Tarte gießen.
- Den geriebenen Käse überstreuen.
- Bei 180° C etwa 60 Minuten backen.

Spitzkohl - Quiche

Zutaten:

500 g Spitzkohl
250 g Möhren
1 Stange Porree
2 Zwiebeln
3 Knoblauchzehen
3 Tomaten
500 g Hackfleisch
250 g Mehl
125 g Butter
6 Eier
1 TL Zucker
75 g gemahlene Nüsse
300 g Schmand
100 g geriebener Käse
Salz, Pfeffer, Muskat, Öl

Zubereitung:

- Für den Boden Mehl, 1 TL Salz, Zucker und 50 g Nüsse miteinander vermischen.
- Butter (in Stückchen), 1 Ei und 4 EL Wasser zugeben.
- Alles zu einem glatten Teig verkneten.
- Eine Springform fetten und mit Mehl ausstreuen.
- Teig in die Form drücken und einen Rand hochziehen.
- Mit einer Gabel mehrfach einstechen.
- Etwa 45 Minuten kalt stellen.
- In der Zwischenzeit die Möhren raspeln.
- Porree und Tomaten kleinschneiden.
- Den Spitzkohl in schmale Streifen schneiden.
- Zwiebeln und Knoblauch fein hacken.
- Beides in Öl glasig dünsten.

- Hackfleisch zugeben und krümelig braten.
- Gemüse ebenfalls zugeben und etwa 15 Minuten mitbraten.
- Salzen und Pfeffern.
- Restliche Eier mit Schmand und 30 g Käse verrühren.
- Mit den Gewürzen abschmecken.
- Quicheboden mit den restlichen Nüssen bestreuen.
- Hack-Gemüsemischung und Eierschmand vermengen.
- Alles gleichmäßig in die Form geben.
- Mit dem restlichen Käse bestreuen.
- Bei 200° C etwa 50 Minuten backen.
- Dabei die Quiche nach 30 Minuten mit Alufolie abdecken.

Tomaten - Quark - Quiche

Zutaten Teig:

380 g Mehl	160 g Butter
1 Eigelb	1 Ei
½ TL Salz	3 EL Milch

Zutaten Belag:

250 g Cherry-Tomaten	650 g Magerquark
4 Knoblauchzehen	150 g Sahne
1 EL Schnittlauch (gehackt)	3 Eier
1 EL Kerbel (gehackt)	1 EL Zitronensaft
1 EL Petersilie (gehackt)	Salz, Pfeffer

Zubereitung:

- Teigzutaten zu einem geschmeidigen Teig verkneten.
- In Folie gewickelt mindestens 60 Minuten kühl stellen.
- Teig in eine gefettete Tarteform / Springform drücken.
- Dabei einen 3 cm hohen Rand hochziehen.
- Mit einer Gabel mehrfach einstechen.
- Etwa 10 Minuten bei 200° C blind backen.
- Eier, Sahne und Quark verrühren.
- Knoblauch pressen und unterrühren.
- Mit Salz, Pfeffer und Zitronensaft abschmecken.
- Die gehackten Kräuter ebenfalls unterrühren.
- Masse auf dem vorgebackenen Teig verteilen.
- Tomaten in die Quarkmasse drücken.
- Etwa 60 Minuten bei 200° C backen.

Dies und das

und viel Risotto

Grünes Risotto

Zutaten:

12 Stangen grüner Spargel	350 g Risottoreis
1 Bund Frühlingszwiebeln	2 kleine Zwiebeln
50 g Zuckererbsenschoten	3 Knoblauchzehen
150 g Erbsen (TK oder frisch)	850 ml Hühnerbrühe
2 EL geriebener Parmesan	150 ml Weißwein
Salz, Pfeffer, Oregano, Öl	

Zubereitung:

- Vom Spargel die Spitzen abschneiden.
- Die harten Enden entfernen.
- Den Rest in kleine Stücke schneiden.
- Stückchen etwa 5 Minuten blanchieren.
- Zuckererbsenschoten dritteln.
- Schoten und Erbsen kurz blanchieren.
- Dann die Hälfte davon pürieren
- Frühlingszwiebeln klein schneiden.
- Knoblauch und Zwiebeln fein hacken.
- Beides in einem Topf mit 5 EL Öl glasig dünsten.
- Den Reis dazugeben und gut im Bratfett wenden.
- Ein Viertel der heißen Brühe zugießen.
- Klein garen, bis die Flüssigkeit vom Reis aufgesogen ist.
- Dabei immer wieder umrühren.
- Ein weiteres Viertel der Brühe zugießen.
- Spargelspitzen und die restlichen „festen" Zutaten ins Risotto geben.
- Rühren nicht vergessen.
- Nach und nach Weißwein und Restbrühe zugeben.
- Immer wieder umrühren und die Flüssigkeit einkochen lassen.
- Risotto mit den Gewürzen abschmecken.

Möhren - Risotto

Zutaten:

300 g Zartweizen (z.B. Ebly) alternativ Risottoreis
3 Knoblauchzehen
1 Zwiebeln
250 g Champignons
350 g Möhren
1 Bund Frühlingszwiebeln
200 g Erbsen (TK)
250 g Cherry - Tomaten
1 Liter Gemüsebrühe
Salz, Pfeffer, Olivenöl

Zubereitung:

- Knoblauch und Zwiebeln fein hacken.
- Beides in 5 EL Öl glasig dünsten.
- Den Zartweizen dazugeben und gut im Bratfett wenden.
- Die Hälfte der heißen Gemüsebrühe zugießen.
- Bei kleiner Hitze garen, bis die Flüssigkeit vom Reis aufgesogen ist.
- Dabei immer wieder umrühren.
- In der Zwischenzeit Pilze, Frühlingszwiebeln und die Tomaten klein schneiden.
- Möhren fein raspeln.
- Kleingeschnittenes, Erbsen und Möhren ins Risotto geben.
- Nach und nach die restliche Brühe zugeben.
- Immer wieder umrühren.
- Risotto mit den Gewürzen abschmecken.
- Wenn alle Flüssigkeit verkocht ist, das Risotto servieren.

Marillenknödel / Aprikosenknödel

Zutaten für 8 - 10 Knödel:

250 g Topfen (Quark)
120 g Mehl
50 g Grieß
1 Ei
10 kleine Aprikosen
10 Stück Würfelzucker
50 g Butter
1 Prise Salz

Zutaten für die Panade:

25 g Butter
80 g Zucker
125 g Paniermehl
2 TL Zimt

Zutaten alternativ:

250 g körniger Frischkäse
1 Päckchen Vanillesoßenpulver
2 EL Zucker
500 ml Milch

Zubereitung:

- Butter und Ei gut verrühren.
- Den Topfen unterrühren.
- Mehl, Salz und Grieß vermischen.
- Mischung und Topfenteig zu einem Teig verkneten.
- Den Teig etwa 20 Minuten ruhen lassen.
- Inzwischen die Aprikosen aufschneiden und entsteinen.

- In jede Aprikose ein Stück Würfelzucker legen.
- Knödelteig in 8 - 10 Teile teilen.
- Je ein Teil auf der bemehlten Handfläche flach drücken.
- Eine Aprikose auflegen und mit dem Teig umhüllen.
- Die Knödel in kochendes Salzwasser einlegen.
- Etwa 12 - 15 Minuten gar ziehen lassen.
- Knödel nicht kochen.
- Butter in einer Pfanne (Auflaufform) schmelzen.
- Paniermehl, Zucker und Zimt mit der Butter vermengen.
- Die fertigen Knödel in der Paniermehlpanade wälzen.
- Kalt oder warm servieren.

Alternativ:

- Knödel „nackig" lassen.
- Vanillesoße nach Packungsanweisung herstellen.
- Soße über die „nackten" Knödel gießen.
- Knödel mit „Frischkäsekörner" überstreut servieren.

Anmerkung:
Die Knödelanzahl ergibt sich aus der Größe der Aprikosen. Ich persönlich nehme immer kleine Aprikosen und dann nur ½ Stück Würfelzucker.

Risotto mit Bärlauch und Pilzen

Zutaten:

300 g Risottoreis
1 Zwiebel
400 g Champignons
600 ml Gemüsebrühe
2 Stangen Porree
5 EL Rotwein
75 g Bärlauchblätter
½ Bund Petersilie
4 EL geriebenen Parmesankäse
Öl, Salz, Pfeffer

Zubereitung:

- Zwiebel klein schneiden.
- Pilze und Porree in kleine Stücke schneiden.
- Zwiebel in 2 EL Öl glasig dünsten.
- Den Reis dazugeben und gut im Bratfett wenden.
- Die Hälfte der heißen Brühe zugießen.
- Bei kleiner Hitze garen, bis die Flüssigkeit vom Reis aufgesogen ist.
- Dabei immer wieder umrühren.
- Nach und nach den Rotwein und die restliche Brühe zugeben.
- Und immer wieder rühren, rühren, rühren ....
- Bärlauchblätter und Petersilie klein hacken.
- Champignons und Porree in etwas Öl anbraten.
- Wenn die Risotto – Flüssigkeit fast verkocht ist, Porree, Bärlauch, Champignons und Petersilie unterrühren.
- Risotto salzen und pfeffern.
- Vor dem Servieren den Parmesan unterrühren.

Risotto mit Dicke Bohnen

Zutaten:

400 g Dicke Bohnen (Glas, TK oder 2,5 kg in Schoten)
400 g Risottoreis   400 g Möhren
100 g Kabanossi-Wurst   1 Zucchini
1 Bund Frühlingszwiebeln   3 Knoblauchzehen
1250 ml Gemüsebrühe   1 Zwiebel
100 g Parmesan (gerieben)   150 ml Weißwein
Salz, Pfeffer, Olivenöl

Zubereitung:

- Möhren und Zucchini in Streifen raspeln.
- Kabanossi und Frühlingszwiebeln klein schneiden.
- Knoblauch und Zwiebel fein hacken.
- Beides in 5 EL Öl glasig dünsten.
- Möhren und Zucchini kurz mitdünsten.
- In einem großen Topf 5 EL Öl erhitzen.
- Den Reis dazugeben und gut im Öl wenden.
- Ein Drittel der heißen Gemüsebrühe zugießen.
- Bei kleiner Hitze garen, bis die Flüssigkeit vom Reis aufgesogen ist.
- Dabei immer wieder umrühren.
- Möhren-Zucchini-Masse und Dicke Bohnen unter den Reis rühren.
- Ein weiteres Drittel Brühe unterrühren.
- Frühlingszwiebeln und Kabanossi kurz anbraten.
- Angebratenes ins Risotto geben.
- Nach und nach Wein und restliche Brühe zugeben.
- Immer wieder umrühren.
- Risotto mit den Gewürzen abschmecken.
- Wenn alle Flüssigkeit verkocht ist, Risotto servieren.
- Kurz vorm Servieren den Parmesankäse untermengen.

Risotto mit Huhn

Zutaten:

400 g Risottoreis
1 Bund Frühlingszwiebeln
250 g Hühnerbrust
850 ml Gemüsebrühe
150 ml Weißwein
2 EL Currypulver
Salz, Pfeffer, Oregano, Olivenöl

2 Zwiebeln
3 Knoblauchzehen
2 Möhren
2 Scheiben Ananas
2 Tomaten
Kreuzkümmel

Zubereitung:

- Tomate, Ananas und Hühnerbrust in kleine Stücke schneiden.
- Möhren fein raspeln.
- Frühlingszwiebeln in feine Ringe schneiden.
- Hühnerstücke in Öl knusprig braten.
- Knoblauch und Zwiebeln fein hacken.
- Beides in einem Topf mit 5 EL Öl glasig dünsten.
- Den Reis dazugeben und gut im Bratfett wenden.
- Ein Viertel der heißen Brühe zugießen.
- Bei kleiner Hitze garen, bis die Flüssigkeit vom Reis aufgesogen ist.
- Dabei immer wieder umrühren.
- Ein weiteres Viertel der Brühe zugießen.
- Möhren, Frühlingszwiebeln, Curry ins Risotto geben.
- Rühren nicht vergessen.
- Nach und nach Wein und die restliche Brühe zugeben.
- Immer wieder umrühren und die Flüssigkeit einkochen lassen.
- Wenn die Risotto - Flüssigkeit fast verkocht ist, Ananas, Tomaten und Hühnerstücke unterrühren.
- Risotto mit den Gewürzen abschmecken.

Risotto mit Linsen und Brokkoli

Zutaten für 4 - 5 Personen:

350 g Risottoreis
500 g Brokkoli
150 g rote Linsen
1 Dose Thunfisch
50 g Erbsen (TK)
3 kleine Zwiebeln
3 Knoblauchzehen
1 l Gemüsebrühe
150 ml Weißwein
2 EL Basilikumblätter (klein gehackt)
Salz, Pfeffer, Olivenöl

Zubereitung:

- Brokkoli in kleine Röschen zerteilen.
- Linsen und Brokkoli in Salzwasser 4 Minuten kochen.
- Thunfisch in kleine Stücke zerzupfen.
- Knoblauch und Zwiebeln fein hacken.
- Beides in einem Topf mit 5 EL Öl glasig dünsten.
- Den Reis dazugeben und gut im Öl wenden.
- Ein Drittel der heißen Gemüsebrühe zugießen.
- Bei kleiner Hitze garen, bis die Flüssigkeit verkocht ist.
- Dabei immer wieder umrühren.
- Ein weiteres Drittel Brühe unter den Reis rühren.
- Umrühren bis die Flüssigkeit aufgesogen ist.
- Erbsen, Brokkoli, Linsen und Fisch ins Risotto geben.
- Nach und nach Wein und restliche Brühe zugeben.
- Immer wieder umrühren.
- Risotto mit den Gewürzen abschmecken.
- Wenn die Flüssigkeit verkocht ist, das Risotto mit Basilikum überstreut servieren.

Risotto mit Rote Bete

Zutaten:

300 g Risottoreis
500 g gekochte Rote Bete
200 g Zuckererbsenschoten
150 g Champignons
200 g Cherry-Tomaten
3 Knoblauchzehen
2 Schalotten
400 ml Rote-Bete-Saft
600 ml Gemüsebrühe
150 g Feta-Käse
2 EL Kresse (klein gehackt)
Salz, Pfeffer, Paprika, Oregano, Olivenöl

Zubereitung:

- Zuckererbsenschoten und die Pilze in kleine Stücke schneiden.
- Tomaten vierteln.
- Rote Bete klein würfeln.
- Gemüsebrühe und Rote-Bete-Saft aufkochen lassen.
- Knoblauch und Schalotten fein hacken.
- Beides in 5 EL Öl glasig dünsten.
- Den Reis zugeben und gut im Bratfett wenden.
- Etwa ein Drittel der heißen Brühe zugießen.
- Bei kleiner Hitze garen, bis die Flüssigkeit vom Reis aufgesogen ist.
- Dabei immer wieder umrühren.
- Ein weiteres Drittel der Brühe zugießen.
- Zuckererbsenschoten und Pilze ins Risotto geben.
- Rühren nicht vergessen.
- Wieder etwas Brühe nachgießen.

- Rote Bete unter das Risotto rühren.
- Nach und nach restliche Brühe zugeben.
- Immer wieder umrühren und die Flüssigkeit einkochen lassen.
- Fetakäse zerbröseln.
- Wenn die Risotto - Flüssigkeit fast verkocht ist, Kresse und 100 g Feta unterrühren.
- Mit den Gewürzen abschmecken.
- Risotto auf Tellern anrichten.
- Restliche Feta-Brösel auf das angerichtete Risotto streuen.

Risotto mit Steinpilzen

Zutaten:

300 g Risottoreis
750 ml Gemüsebrühe
3 Knoblauchzehen
4 EL Parmesan
2 Lorbeerblätter
100 ml Weißwein
Salz, Pfeffer, Petersilie

250 g Steinpilze
2 Zwiebeln
2 EL Öl
4 Nelken
2 EL Butter
1 TL Oregano

Zubereitung:

- Zwiebeln klein hacken.
- Reis und Zwiebeln im Öl ca. 1 Minute anrösten.
- Lorbeerblätter, Nelken und ein Drittel der Brühe zum Reis geben.
- Bei kleiner Hitze garen, bis die Flüssigkeit vom Reis aufgesogen ist.
- Dabei immer wieder umrühren.
- Dabei nach und nach die restliche Brühe einrühren.
- Nicht vergessen, immer wieder umrühren!!!
- In der Zwischenzeit die Pilze klein schneiden.
- Knoblauch zerquetschen und mit den Pilzen in der Butter dünsten.
- Den Wein zugießen (zu den Pilzen, nicht in die Kehle).
- Mit Pfeffer, Oregano und Salz abschmecken.
- Lorbeerblätter und Nelken aus dem Reis nehmen.
- Pilzmasse mit Flüssigkeit zum Reis geben und ca. 5 Minuten ziehen lassen.
- Dabei immer noch umrühren.
- Den Parmesan unterrühren.
- Risotto insgesamt noch einmal abschmecken.
- Risotto mit Petersilie überstreut servieren.

Spaghetti mit Basilikum

Zutaten:

1 Zwiebel
3 Knoblauchzehen
400 g Spaghetti
1 kg Tomaten
50 g Basilikumpaste (Feinkostladen)
Salz, Pfeffer, Oregano

Zubereitung:

- Spaghetti in Salzwasser al dente kochen.
- Die Tomaten enthäuten und klein würfeln.
- Zwiebel und Knoblauch fein hacken.
- Beides in Öl glasig dünsten.
- Tomatenstücke zugeben.
- Mit Salz, Pfeffer und Oregano würzen.
- Basilikumpaste unterrühren.
- Etwa 15 Minuten köcheln lassen.
- Die fertigen Spaghetti in eine große Schüssel geben.
- Basilikumsauce zugeben und vermischen.
- Sofort servieren.

Spaghetti mit Linsen - Bolognese

Zutaten:

400 g Spaghetti
180 g rote Linsen
250 g Hackfleisch
3 Möhren
150 g Stangensellerie
150 g Cherry - Tomaten
1 Zwiebeln
3 Knoblauchzehen
1 Dose Pizzatomaten
2 EL Tomatenmark
100 ml Weißwein
300 ml Gemüsebrühe
Parmesankäse
Salz, Pfeffer, Oregano, Zucker, Olivenöl

Zubereitung:

- Linsen in der Brühe nach Packungsanweisung garen.
- Tomaten und Sellerie in kleine Stücke schneiden.
- Möhren fein raspeln.
- Knoblauch und Zwiebel fein hacken.
- Beides in Öl glasig dünsten.
- Hackfleisch zugeben und krümelig braten.
- Pizzatomaten, Tomatenmark, Tomaten, Sellerie und Möhren untermengen.
- Linsen, 100 ml der Brühe und Wein unterrühren.
- Mit den Gewürzen und dem Zucker abschmecken.
- Alles zusammen etwa 10 Minuten köcheln lassen.
- Nudeln nach Packungsanweisung in Salzwasser garen.
- Spaghetti mit der Bolognese und mit Parmesan überstreut servieren.

Spargel mit Mascarponesauce

Zutaten für 2 - 3 Personen:

1 kg Spargel
700 g Kartoffeln
300 ml Geflügelfond
200 g Mascarpone
1 Limette
1 EL Speisestärke
2 Kugeln Mozzarella
8 Scheiben Serrano-Schinken
Basilikumblätter
Salz, Pfeffer

Zubereitung:

- Spargel und Kartoffeln wie gewohnt kochen.
- Mozzarella in 8 gleichmäßige Scheiben schneiden.
- Je eine Scheibe Mozzarella auf eine Schinkenscheibe legen.
- Auf die Käsescheiben 1 - 2 Basilikumblätter legen.
- Schinken um den Käse zu einem Päckchen wickeln.
- Päckchen in eine gefettete Auflaufform legen.
- Ein EL Basilikumblätter fein hacken.
- Gehackte Blättchen auf die Päckchen verteilen.
- Salzen und Pfeffern.
- Päckchen bei 220° C im Backofen gratinieren.
- Für die Sauce Speisestärke mit etwas Fond anrühren.
- Geflügelfond, Mascarpone und Limettensaft verrühren.
- In einem Topf erhitzen.
- Angerührte Speisestärke unterrühren.
- Salzen und Pfeffern.
- Spargel, Kartoffeln, Schinken auf Tellern anrichten.
- Die Mascarponesauce dazu reichen.

Wildkaninchen

Zutaten:

1 totes wildes Kaninchen	200 g Senf
250 ml Fleischbrühe	1 Zwiebel
1 EL Wacholderbeeren	10 Lorbeerblätter
1 kleine Dose Preiselbeeren	2 EL Essig
1 Becher Creme fraîche	Sherry

Salz, Pfeffer, Paprika und weitere Gewürze nach Wahl

Zubereitung:

- Zunächst das Vieh gut abwaschen und säubern.
- Senf mit Pfeffer, Salz und anderen Gewürzen anreichern.
- Das Vieh mit dem Senf innen und außen einstreichen.
- In einem Bräter die Zwiebel leicht anbraten und das Vieh dazugeben.
- Wenn das Vieh eine braune Farbe angenommen hat, mit der Fleischbrühe ablöschen.
- Lorbeerblätter, Wacholderbeeren, etwas Essig in den Sud geben und kurz aufkochen lassen.
- Backofen auf 175° C vorheizen.
- Den Bräter mit dem braunen Vieh in den Backofen schieben.
- Damit es nicht so austrocknet, mit Alufolie überspannen.
- Alle 10 Minuten mit reichlich Sherry übergießen.
- Nach etwa 1 Stunde das Vieh herausholen und den Sud durchsieben.
- Dem Sud Preiselbeeren und Creme fraîche zusetzen und als Soße andicken.
- Schmeckt gut mit selbstgemachtem Rotkohl und Semmelknödeln.

Desserts

verführen immer wieder

Amaretto - Mousse

Zutaten:

100 g Schokoladenstreusel
4 Eier
80 g Zucker
300 g Schlagsahne
4 EL Amaretto
30 g Fertiggelatine
1 Päckchen Vanillezucker
Obst zum Verzieren

Zubereitung:

- Zucker, Vanillezucker und Gelatinepulver vermischen.
- Zusammen mit Eiern und Amaretto schaumig rühren.
- Etwa eine halbe Stunde kühl stellen.
- Sahne steif schlagen.
- Schokostreusel unter die gelierende Mousse heben.
- Steife Sahne ebenfalls unterheben.
- Mousse in Dessertgläser füllen.
- Mindestens 4 Stunden kalt stellen.
- Mit Obst nach Wahl garnieren.

Bananen - Tiramisu

Zutaten:

150 g Spekulatius
100 ml Espresso
300 g Schlagsahne
250 g Mascarpone
250 g Sahnequark
2 Eigelb
75 g Zucker
1 Päckchen Vanillezucker
10 g Fertiggelatine / Sofortgelatine
2 - 3 Bananen
Kakaopulver

Zubereitung:

- Eigelb mit dem Zucker cremig rühren.
- Quark, Mascarpone und 5 g Gelatine unterrühren.
- Sahne mit Restgelatine und Vanillezucker steif schlagen.
- Steife Sahne unter die Mascarponecreme heben.
- Ein Drittel der Creme in eine Form geben.
- Creme mit einer Schicht Spekulatius bedecken.
- Spekulatius mit Espresso beträufeln.
- Bananen in dünne Scheiben schneiden.
- Eine Schicht Bananen auf die Kekse legen.
- Ein Drittel der Creme vorsichtig aufstreichen.
- Creme mit weiterer Schicht Spekulatius bedecken.
- Spekulatius mit Espresso beträufeln.
- Eine weitere Schicht Bananen auf die Kekse legen.
- Dann die restliche Creme einfüllen.
- Mit Kakaopulver bestäuben.
- Mindestens 5 Stunden, besser über Nacht kühl stellen.

Beeren - Joghurt - Eis

Zutaten:

400 g Himbeeren (Brombeeren, Johannisbeeren)
2 EL Zucker
350 g Naturjoghurt
2 Kugeln Vanilleeis
1 EL Zitronensaft
1 EL Amaretto - Likör

Zubereitung:

- Ein paar Beeren auf Seite legen.
- Alle Zutaten in einen hohen Becher füllen.
- Alles etwa 2 Minuten pürieren.
- Creme in Dessertschälchen füllen.
- Mit restlichen Beeren garniert servieren.

Champagner - Creme

Zutaten:

60 ml Champagner
150 g Himbeeren
3 Eier
80 g Zucker
1 Päckchen Vanillezucker
200 g Schlagsahne
Saft einer halben Zitrone
30 g Fertiggelatine / Sofortgelatine

Zubereitung:

- Die Eier trennen.
- Zucker, Vanillezucker und 15 g Gelatinepulver vermischen.
- Eigelb und 2 EL warmes Wasser verrühren.
- Dabei die Zuckermischung einrieseln lassen.
- Zitronensaft und Champagner unterrühren.
- Eiweiß zu festem Eischnee schlagen.
- Sahne steif schlagen.
- Halbe Menge Restgelatine dabei einrieseln lassen.
- Eischnee und Sahne unter die Eiercreme heben.
- Himbeeren mit der Restgelatine pürieren.
- ⅔ vom Püree locker unter die Creme ziehen.
- Creme in Dessertschälchen (Whiskygläser) füllen.
- Restpüree auf die Crememasse geben.
- Mit Himbeeren garnieren.
- Mindestens 2 Stunden kalt stellen.

Erdbeer - Kokos - Parfait

Zutaten:

750 g Erdbeeren
20 g Puderzucker
4 Eigelb
100 g Kokosraspel
1 Päckchen Vanillezucker
60 g Zucker
600 g Schlagsahne
8 EL Cognac

Zubereitung:

- Die geputzten Erdbeeren in kleine Stücke schneiden.
- Eine Hälfte der Erdbeeren mit 20 g Puderzucker pürieren.
- Eigelb, Cognac, Kokosraspel, Zucker und Vanillezucker vermischen.
- Mischung im heißen Wasserbad dickschaumig rühren.
- Ei-Kokosmasse abkühlen lassen.
- Sahne steif schlagen.
- Die Sahne unter die abgekühlte Ei-Kokosmasse heben.
- Restliche Erdbeeren ebenfalls unterheben.
- Eine längliche Form mit Klarsichtfolie auslegen.
- Parfait in die Form geben und glatt streichen.
- Etwa acht Stunden im Tiefkühlfach frieren lassen.
- Das erfrorene Parfait stürzen und in Scheiben schneiden.
- Scheiben auf Dessertteller geben und mit dem Erdbeerpüree umgießen.
- Mit Erdbeerstückchen garnieren.

Espresso - Creme

Zutaten:

300 g Schlagsahne
250 g Sahnequark
100 g weiße Kuvertüre
125 ml Milch
2 Päckchen Vanillezucker
1 TL Instant – Espressopulver
2 TL Amaretto
1 Päckchen Sahnesteif
Schokokaffeebohnen

Zubereitung:

- Kuvertüre zerkleinern.
- Milch erhitzen (nicht kochen).
- Espressopulver und Kuvertüre darin auflösen.
- Espressomilch abkühlen lassen.
- Nach dem Abkühlen Quark und Amaretto unterrühren.
- Sahne steif schlagen.
- Dabei Sahnesteif und Vanillezucker einrieseln lassen.
- Steife Sahne unter die Creme heben.
- Creme in Dessertschälchen oder Gläser füllen.
- Mindestens 2 Stunden kühl stellen.
- Mit den Schokobohnen garniert servieren.

Himbeer - Baileys - Creme

Zutaten für 5 - 6 Personen:

300 g Frischkäse
300 g Schlagsahne
50 g Zucker
1 Päckchen Vanillezucker
125 g Himbeeren
4 EL Baileys - Likör
20 g Fertiggelatine / Sofortgelatine

Zubereitung:

- Sahne mit 10 g Gelatine steif schlagen.
- Vanillezucker, Zucker und Restgelatine vermischen.
- Mischung mit dem Frischkäse verrühren.
- Baileys und 100 g Himbeeren unterrühren.
- Die Sahne unterheben.
- Creme auf Dessertgläser (-schälchen) verteilen.
- Mindestens 2 Stunden kühl stellen.
- Mit den restlichen Himbeeren garniert servieren

Himbeer - Tiramisu - Creme

Zutaten für 5 Portionen:

5 Löffelbiskuits
200 g Mascarpone
250 g Sahnequark
40 g Rosinen
300 g Himbeeren
4 EL Rum
150 ml kalten Espresso

Zubereitung:

- Rosinen 2 Stunden im Rum ertränken.
- Löffelbiskuits zerkleinern.
- Kleinkram auf 5 Dessertgläser (Whiskygläser) verteilen.
- Biskuits mit Espresso tränken.
- Rosinen abgießen.
- Himbeeren mit Mascarpone und Rosinen pürieren.
- Den Quark unterheben.
- Creme auf die Gläser verteilen.
- Mindestens eine Stunde kühl stellen.
- Mit Himbeeren garniert servieren.

Joghurt – Mandarinen – Creme

Zutaten für 6 – 8 Personen:

250 g Schmand
150 g Naturjoghurt
400 g Schlagsahne
100 g Zucker
30 g Fertiggelatine / Sofortgelatine
2 kleine Dosen Mandarinen
2 EL Zitronensaft

Zubereitung:

- Sahne mit 10 g Gelatinepulver steif schlagen.
- Restgelatine und Zucker vermischen.
- Mischung mit Schmand und Joghurt gut verrühren.
- Zitronensaft und Mandarinen unterrühren.
- Steife Sahne unterheben.
- Creme in Dessertschälchen (-gläser) füllen.
- Mindestens 3 Stunden im Kühlschrank kühlen.
- Mit Mandarinen garniert servieren.

Kaffeemousse

Zutaten:

120 ml Espresso
3 Eigelb
2 EL Zucker
1 Päckchen Vanillezucker
10 g Fertiggelatine / Sofortgelatine
200 g Sahne
Obst zum Garnieren

Zubereitung:

- Eigelb mit dem Zucker schaumig schlagen.
- Im heißen Wasserbad den Kaffee unter das „Schaumei" rühren.
- Rühren bis eine Creme entsteht.
- Schüssel mit Creme in kaltes Wasserbad stellen.
- Gelatinepulver einrühren.
- Creme im Wasserbad abkühlen lassen.
- Dabei ständig rühren.
- Sahne mit Vanillezucker sehr steif schlagen.
- Steife Sahne unter die Kaffeecreme heben.
- Mindestens 2 Stunden kalt stellen.
- Mit Obst garniert servieren.

Likör - Stracciatella - Creme

Zutaten:

125 ml Vanille - Sahne - Kipferl - Likör (oder Eierlikör)
1 Päckchen Mousse au Vanille (zum kalt anrühren)
75 g Löffelbiskuits
100 g Raspel - Schokolade
200 ml Milch
200 g Sahne
1 Päckchen Vanillezucker

Zubereitung:

- Milch, 50 g Sahne und 50 ml Likör vermischen.
- Mischung mit dem Cremepulver 3 Minuten cremig rühren.
- Etwa 75 g Schokoraspel unterheben.
- Löffelbiskuits in kleine Stückchen schneiden.
- Die Hälfte davon auf 4 Dessertgläser (Rotweingläser) verteilen.
- Vom Likör ca. 50 ml über die Stückchen gießen.
- Halbe Crememenge in die Gläser füllen.
- Die restlichen Biskuitstückchen auf die Creme geben.
- Restcreme darauf verteilen.
- Mindestens eine Stunde im Kühlschrank kühlen.
- Restliche Sahne mit Vanillezucker steif schlagen.
- Steife Sahne auf die Creme spritzen.
- Mit dem restlichen Likör beträufeln.
- Zum Schluss die übriggebliebenen Schokoraspeln aufstreuen.

Marzipan - Apfel - Tiramisu

Zutaten:

2 kleine Äpfel
250 g Mascarpone
250 g Magerquark
200 g Schlagsahne
15 g Fertiggelatine
250 g Marzipanrohmasse
2 Eigelb
180 g Löffelbiskuit
100 ml Espresso
4 EL Amaretto
1 Päckchen Vanillezucker
Kakaopulver

Zubereitung:

- Äpfel schälen und in kleine Stücke würfeln.
- Mit dem Vanillezucker in einem Topf erhitzen.
- Etwas köcheln lassen und Flüssigkeit abgießen.
- Abkühlen lassen.
- Mascarpone, Quark, Eigelb und Marzipan verrühren.
- Schlagsahne mit der Gelatine steif schlagen.
- Die Sahne unter die Mascarponecreme heben.
- Espresso mit Amaretto vermischen.
- Die Hälfte der Biskuit in eine Form legen.
- Biskuits mit der Hälfte des Espressos beträufeln.
- Die Hälfte der Creme auf die Biskuit streichen.
- Apfelstückchen auf die Creme geben.
- Restliche Biskuit auflegen.
- Ebenfalls mit Espresso beträufeln.
- Restcreme aufstreichen.
- Mindestens 4 Stunden kühl stellen.
- Vor dem Servieren mit Kakaopulver bestäuben.

Mascarpone - Beeren - Creme

Zutaten:

100 g Brombeeren
100 g Waldbeeren
200 g Himbeeren
250 g Mascarpone
200 g Sahne
2 EL Zucker
3 EL Calvados
10 g Fertiggelatine / Sofortgelatine

Zubereitung:

- Je 50 g der Beeren eine Stunde im Calvados einlegen.
- Einige der restlichen Beeren zur Verzierung beiseite-legen.
- Die übrigen Beeren fein pürieren.
- Püree, Mascarpone, Zucker, 1 EL Calvados und 5 g Gelatine-pulver verrühren.
- Sahne mit Restgelatinepulver steif schlagen.
- Steife Sahne unter die Mascarponecreme heben.
- Eingelegte Beeren auf 4 Whiskygläser (o.ä.) verteilen.
- Creme auf die Beeren geben.
- Mit den beiseitegelegten Beeren verzieren.
- Mindestens eine Stunde kalt stellen.

Orangen - Creme

Zutaten:

500 g Naturjoghurt
300 g Sahne
70 g Zucker
50 ml Eierlikör
1 Vanillezucker
50 ml selbst gepressten Orangensaft
30 g Fertiggelatine / Sofortgelatine
gehackte Pistazien

Zubereitung:

- Halbe Gelatinemenge, Zucker und Vanillezucker vermischen.
- Mischung unter den Joghurt rühren.
- Eierlikör und Orangensaft ebenfalls unterrühren.
- Sahne mit der Restgelatine steif schlagen.
- Steife Sahne unter die Joghurtcreme heben.
- Creme in Dessertgläser füllen.
- Im Kühlschrank mindestens 3 Stunden kühlen.
- Mit den Pistazien garniert servieren.

Pflaumen - Creme

Zutaten:

380 g Pflaumenkompott bzw. Pflaumenbrotaufstrich (z.B. Zentis)
20 g Fertiggelatine / Sofortgelatine
300 g Himbeeren (TK)
75 g Puderzucker
1 Päckchen Vanillezucker
1 TL Zimt
100 g Magerquark
3 EL Naturjoghurt
200 g Schlagsahne

Zubereitung:

- Die Himbeeren auftauen lassen.
- Vanillezucker, Zimt, Gelatinepulver und 25 g Puderzucker vermischen.
- Zusammen mit dem Quark und dem Joghurt verrühren.
- Kompott zugeben und unterrühren.
- 150 g Sahne sehr steif schlagen.
- Die Sahne unter die Pflaumencreme heben.
- Creme in Dessertschälchen füllen.
- Mindestens 3 Stunden im Kühlschrank kühlen.
- Himbeeren mit dem Restpuderzucker und der Restsahne pürieren.
- Vor dem Servieren die Himbeersoße über die Pflaumencreme geben.

Quark - Creme mit Amarettini

Zutaten für 5 Personen:

200 g Sahnequark
200 g Schlagsahne
60 g Amarettinikekse
2 Eiweiß
80 g Schokoladenflocken
60 g Zucker
1 Prise Salz
4 EL Amaretto
30 g Sofortgelatine / Fertiggelatine
Gehackte Pistazien

Zubereitung:

- Amarettini fein zerbröseln.
- Amaretto unter den Quark rühren.
- 10 g Zucker, 20 g Gelatinepulver und Brösel vermischen.
- Mischung mit dem Quark verrühren.
- Eiweiß steif schlagen.
- Dabei Restzucker und Salz einrieseln lassen.
- Sahne mit Restgelatine steif schlagen.
- Schokoflocken, Sahne und Eischnee unter den Quark heben.
- Creme in Dessertgläser füllen.
- Mindestens 4 Stunden in den Kühlschrank stellen.
- Mit Pistazien garniert servieren.

Quark - Creme mit Kirschen

Zutaten:

1 Päckchen Vanille-Dessert-Sauce
250 g Magerquark
250 g Sahnequark
150 g Schlagsahne
50 g Puderzucker
2 EL Zitronensaft
1 Glas Kirschen
25 g geriebene Nüsse
½ TL Zimt
10 g Fertiggelatine / Sofortgelatine

Zubereitung:

- Die Kirschen gut abtropfen lassen.
- Quark, Sahne und Zitronensaft verrühren.
- Puderzucker, Saucenpulver, Zimt, Nüsse und Gelatine-pulver vermischen.
- Mischung unter die Quarkcreme rühren.
- Abgetropfte Kirschen unterheben.
- Creme in Dessertschälchen füllen.
- Mindestens 2 Stunden im Kühlschrank kühlen.
- Mit ein paar Kirschen dekoriert servieren.

Raffaello - Creme

Zutaten für 5 - 6 Personen:

350 g Naturjoghurt
400 g Sahne
100 g Raffaello (Kokoskonfekt)
70 g Zucker
300 g Erdbeeren
4 EL Amarettolikör
15 g Fertiggelatine / Sofortgelatine
gehackte Pistazien

Zubereitung:

- Raffaello mit dem Joghurt fein pürieren.
- Zucker und halbe Menge Gelatinepulver unterrühren.
- Die Erdbeeren vierteln und mit Amaretto beträufeln.
- Sahne mit der Restgelatine steif schlagen.
- Steife Sahne unter die Joghurtmasse heben.
- Halbe Crememenge in Dessertgläser füllen.
- Erdbeeren auf die Gläser verteilen.
- Dabei ein paar für die Verzierung zurückhalten.
- Restliche Creme in die Gläser füllen.
- Mit den Erdbeeren und den Pistazien verzieren.
- Mindestens 2 Stunden im Kühlschrank kalt stellen.

Rotwein - Creme mit Birnen

Zutaten:

2 mittelgroße Birnen
60 g Zucker
160 ml Rotwein
1 EL Honig
125 g Sahnequark
50 g Puderzucker
1 Päckchen Vanillezucker
1 Spritzer Zitronensaft
125 g Naturjoghurt
15 g Fertiggelatine / Sofortgelatine

Zubereitung:

- Birnen schälen und pürieren.
- Zucker bei milder Hitze karamellisieren.
- Den leicht gebräunten Zucker mit dem Rotwein ablöschen.
- Honig unter die Rotwein-Zuckermischung rühren.
- Birnenpüree unterrühren und 20 Minuten bei wenig Hitze ziehen lassen.
- Abkühlen lassen.
- Quark, Joghurt, Puderzucker, Zitronensaft, Gelatinepulver und Vanillezucker verrühren.
- Birnenmischung unter die Quarkcreme rühren.
- Creme in Dessertschälchen füllen.
- Mit Obststückchen und/oder einem Klecks Sahne verzieren.

Schokocreme schwarz weiß

Zutaten Creme (für 5 - 6 Personen):

100 weiße Schokolade	250 g Joghurt
300 g Sahne	150 ml Milch
2 Vanilleschoten	60 g Zucker
30 g Fertiggelatine / Sofortgelatine	

Zutaten Soße:

75 g weiche Butter	125 ml Milch
150 g dunkle Kuvertüre	100 g Sahne

Zubereitung:

- Für die Creme das Mark aus den Vanilleschoten kratzen.
- Mark mit der Milch und dem Zucker erhitzen.
- Schokolade hacken.
- Gehackte Schokolade in der Milch auflösen.
- Etwas abkühlen lassen.
- Halbe Gelatinemenge unter den Joghurt rühren.
- Sahne mit Restgelatine steif schlagen.
- Abgekühlte Schokomilch und Joghurt verrühren.
- Die Sahne unterheben.
- Creme mindestens 4 Stunden kühl stellen.
- Für die Soße die Kuvertüre klein hacken.
- Sahne und Milch kurz zum Kochen bringen.
- Gehackte Kuvertüre unterrühren und auflösen.
- Schokomilch langsam mit der Butter verrühren.
- Mit einem großen Löffel 6 Portionen Creme abstechen.
- Abgestochenes auf Dessertteller geben.
- Zum Anrichten die warme Soße über die Creme gießen.

Schokoladen - Tiramisu

Zutaten:

100 g Schokoladenstreusel
500 g Mascarpone
1 Päckchen Vanillezucker
200 g Löffelbiskuit
15 g Fertiggelatine / Sofortgelatine
evtl. Amarettolikör

6 EL Milch
100 g Zucker
200 g Schlagsahne
3 Eigelb
200 ml Espresso
Kakaopulver

Zubereitung:

- Espresso herstellen.
- 50 g Zucker im heißen Espresso auflösen.
- Espresso abkühlen lassen, evtl. Amarettolikör unterrühren.
- Milch, Restzucker, Vanillezucker und Mascarpone gut verrühren.
- Eigelb unterrühren.
- Schlagsahne steif schlagen.
- Dabei die Gelatine einrieseln lassen.
- Die Sahne unter die Mascarponecreme rühren.
- Die Hälfte der Biskuits in eine Form legen.
- Biskuits mit der Hälfte des Espressos beträufeln.
- Eine Hälfte der Creme auf die Biskuits streichen.
- Von den Schokoladenstreuseln eine Hälfte überstreuen.
- Die restlichen Biskuits auflegen und mit Espresso beträufeln.
- Restcreme aufstreichen und die restlichen Streusel aufstreuen.
- 6 Stunden kühl stellen.
- Vor dem Servieren mit Kakaopulver bestäuben.

Tassenjoghurt

Zutaten für 6 – 8 Personen:

300 g Naturjoghurt
250 g Schlagsahne
50 g Zucker
30 g Fertiggelatine / Sofortgelatine
1 Päckchen Vanillezucker
125 ml Milch
Saft einer halben Zitrone
200 g Beeren

Zubereitung:

- Zucker, Vanillezucker und 25 g Gelatine vermischen.
- Mischung, Milch, Zitrone und Joghurt gut verrühren.
- 150 g Sahne mit der Restgelatine steif schlagen.
- Steife Sahne unter die Joghurtmasse heben.
- Kaffeetassen mit kaltem Wasser ausspülen.
- Joghurtcreme in die Tassen füllen.
- Mindestens 3 Stunden kalt stellen.
- Etwa 150 g Beeren pürieren.
- Restsahne steif schlagen.
- Pürree als „Spiegel" auf die feste Creme geben.
- Sahne auf den Spiegel spritzen.
- Restbeeren als Verzierung aufsetzen.

Schmeckt auch gut als "Halbgefrorenes".
Dazu die Tassen kurz ins Tiefkühlfach stellen.

Trauben - Lasagne

Zutaten für 6 Personen:

250 g Weintrauben ohne Kerne
200 g Sahnequark
200 g Fruchtquark Erdbeere
200 g Fruchtquark Vanille
300 g Sahne
200 g Amarettini - Kekse
1 EL Amarettolikör
20 g Sofortgelatine / Fertiggelatine

Zubereitung:

- Trauben halbieren.
- Die Quarksorten mit Amaretto verrühren.
- Gelatinepulver unterrühren.
- Sahne steif schlagen.
- Steife Sahne unter den Quark heben.
- Amarettini etwas zerbröseln.
- Trauben, Keksbrösel und Quarkcreme abwechselnd in Gläser schichten.
- Alternativ in eine Glasschüssel schichten.
- Mindestens 2 Stunden kalt stellen.
- Mit ein paar Trauben verziert servieren.

Vanillepudding mit Beeren

Zutaten für 8 – 9 Personen:

750 g gemischte Beeren (TK oder frische)
700 ml Sojamilch
2 Päckchen Puddingpulver (Vanille)
200 g Zucker
2 Päckchen Vanillezucker
Saft einer halben Zitrone

Zubereitung:

* Beeren auftauen bzw. verlesen.
* Halbe Milchmenge, halbe Zuckermenge, Zitronensaft, und Vanillezucker in eine Schüssel geben.
* Beeren zugeben und alles zusammen pürieren.
* Puddingpulver mit Restzucker und Restmilch verrühren.
* Beerenpüree in einem Topf aufkochen lassen.
* Dabei immer mal wieder umrühren.
* Dann das angerührte Puddingpulver unterrühren.
* Auf kleiner Flamme rühren bis die Masse cremig wird.
* Creme in Dessertschälchen füllen.
* Mindestens eine Stunde kühl stellen.
* Mit ein paar Obststückchen garniert servieren.

Walnuss - Eierlikör - Creme

Zutaten:

150 ml Eierlikör
50 g gemahlene Walnusskerne
400 ml Milch
100 g Schlagsahne
25 g Zucker
2 EL Puderzucker
200 g Waldbeeren (frisch oder TK)
4 EL Amarettolikör
1 Päckchen Vanille – Puddingpulver

Zubereitung:

- Puddingpulver, Walnüsse und Zucker mit dem Eierlikör anrühren.
- Milch in einem Kochtopf zum Kochen bringen.
- Topf vom Herd nehmen.
- Angerührten Pudding mit dem Schneebesen einrühren.
- Unter ständigem Rühren etwa 1 Minute aufkochen.
- Creme etwas abkühlen lassen.
- Sahne steif schlagen.
- Steife Sahne unter die Creme heben.
- Creme in Dessertschälchen füllen und kalt stellen.
- Beeren mit Puderzucker und Amaretto pürieren.
- Beerensoße vor dem Servieren über die Creme geben.

Weißer Schokoladenpudding

Zutaten:

1 Tafel weiße Schokolade
250 ml Kirschsaft
2 Eigelb
20 g Fertiggelatine / Sofortgelatine
1 Päckchen Vanillezucker
250 g Schlagsahne

Zubereitung:

- Schokolade in kleine Stücke hacken.
- Gehackte Schokolade im Wasserbad schmelzen.
- Eigelb mit 2 EL Wasser schaumig schlagen.
- Schaum unter die Schokomasse rühren.
- Masse abkühlen lassen, bis sie lauwarm ist.
- Sahne mit Gelatine und Vanillezucker steif schlagen.
- Sahne unter die Schokomasse heben.
- In 4 Schälchen geben und im Kühlschrank kalt stellen.
- Kalten Pudding auf Dessertteller stürzen.
- Mit dem Kirschsaft umgießen.
- Mit einer kandierten Kirsche verzieren.

Zitronenschaumcreme

Zutaten:

2 große Zitronen
125 ml Kirschsaft
50 g Zucker
2 Eiweiß
20 g Fertiggelatine / Sofortgelatine

Zubereitung:

- Zitronen auspressen und mit dem Kirschsaft mischen.
- Zucker und Gelatine vermischen.
- Beides im Zitronen - Kirschsaft verrühren.
- Im Kühlschrank kalt stellen.
- Eiweiß steifschlagen.
- Wenn der Saft zu gelieren anfängt, den Eischnee unterheben.
- Creme in 4 Schälchen geben.
- Mindestens 3 Stunden im Kühlschrank kalt stellen.

Muffins

klein, aber fein und lecker

Cashew - Möhren - Muffins

Zutaten:

125 g Mehl
2 Eier
100 g Zucker
2 mittelgroße Möhren
100 g Cashewnüsse
3 EL Kürbiskernöl
2 TL Backpulver
5 EL Milch
1 Messerspitze Zimt
1 Messerspitze Muskatnuss

Zubereitung

- Cashewnüsse fein hacken.
- Möhren sehr fein reiben.
- Eier mit Zucker, Milch und Öl schaumig schlagen.
- Zimt und Muskatnuss unterrühren.
- Mehl, Backpulver, Nüsse und Möhren vermischen.
- Mischung unter die Eiermasse heben.
- Teig auf 12 Muffinförmchen verteilen.
- Bei 200° C etwa 20 - 25 Minuten backen.
- Kurz in der Form (Förmchen), dann auf einem Gitter abkühlen lassen.

Eierlikör - Muffins

Zutaten:

200 ml Eierlikör
140 g Mehl
½ Päckchen Backpulver
4 EL Speisestärke
100 ml Sonnenblumenöl
1 Päckchen Vanillezucker
3 Eier
140 g Zucker

Zubereitung

- Zucker, Vanillezucker und Eier cremig rühren.
- Eierlikör und Öl unterrühren.
- Mehl, Speisestärke und Backpulver vermischen.
- Mischung unter die Eiercreme rühren.
- Teig auf 12 Muffinförmchen verteilen.
- Bei 200° C etwa 15 - 20 Minuten backen.
- In der Form (Förmchen) abkühlen lassen.

Kiwi - Schoko - Muffins

Zutaten:

250 g Mehl
1 Ei
75 g Zucker
250 g Naturjoghurt
75 ml Sonnenblumenöl
1 Päckchen Backpulver
100 g weiße Schokolade
3 Kiwis

Zubereitung

- Schokolade in kleine Stücke hacken.
- Kiwis in kleine Stückchen schneiden.
- Zucker, Ei, Joghurt und Öl verrühren.
- Mehl mit dem Backpulver vermischen.
- Mischung unter die Joghurtmasse rühren.
- Schokolade ebenfalls unterrühren.
- Kiwistücke mit etwas Mehl vermischen.
- Danach unter den Teig heben.
- Teig auf 12 Muffinförmchen verteilen.
- Bei 180° C etwa 25 - 30 Minuten backen.
- Kurz in der Form (Förmchen), dann auf einem Gitter abkühlen lassen.

Marzipan - Mandel - Muffins

Zutaten:

100 g Marzipanrohmasse
1 kleiner Apfel
150 g Mehl
50 g gehackte Mandeln
1½ EL Backpulver
120 g Margarine
1 Päckchen Vanillezucker
2 Eier
120 g Zucker
6 EL Milch
1 Prise Salz

Zubereitung

* Apfel schälen und klein würfeln.
* Mehl, Backpulver, Salz und Mandeln vermischen.
* Apfelstückchen untermengen.
* Eier schaumig rühren
* Margarine, Zucker, Vanillezucker und Milch unter-rühren.
* Marzipan auf einer Küchenreibe klein reiben.
* Mehlmischung und Marzipan unter die Eiercreme heben.
* Teig auf 12 Muffinförmchen verteilen.
* Bei 200° C etwa 20 Minuten backen.
* In der Form (Förmchen) abkühlen lassen.

Tipp:
Marzipan lässt sich gut reiben, wenn es tiefgekühlt ist.

Nuss - Apfel - Muffins

Zutaten:

1 großer Apfel (oder 2 kleine)
240 g Mehl
80 g gemahlene Haselnüsse
120 g Zucker
250 ml Milch
80 ml Sonnenblumenöl
1 Ei
2 TL Backpulver
½ TL Natron
2 TL Zimt
1 Päckchen Vanillezucker

Zubereitung

- Mehl, Natron, Nüsse, Zimt und Backpulver vermischen.
- Apfel waschen und mit der Schale klein würfeln.
- Stückchen unter die Mehlmischung heben.
- Ei, Zucker, Vanillezucker, Öl und Milch schaumig rühren.
- Mehlmischung vorsichtig unter den Eierschaum heben.
- Teig auf 12 – 14 Muffinförmchen verteilen.
- Bei 200° C etwa 25 Minuten backen.
- In der Form (Förmchen) abkühlen lassen.

Oliven - Weizenbier - Muffins

Zutaten:

250 g Mehl
1 Päckchen Trockenbackhefe
150 ml Weizenbier
3 EL Olivenöl
1 TL Oregano
1 gestrichener TL Salz
1 EL gehackte Pinienkerne
2 Knoblauchzehen
80 g schwarze Oliven (ohne Stein)
3 EL geriebener Käse

Zubereitung

- Mehl, Hefepulver, Oregano und Salz vermischen.
- Mischung mit 2 EL Öl und Weizenbier zu einem glatten Teig verkneten.
- Teig zugedeckt 20 – 30 Minuten gehen lassen.
- Oliven in kleine Stücke schneiden.
- Knoblauch fein hacken.
- Pinienkerne, Oliven, Knoblauch und 2 EL Käse vermischen.
- Mischung unter den Teig kneten.
- Gekneteten Teig zu 12 Kugeln formen.
- Kugeln auf 12 Muffinförmchen verteilen.
- Mit dem Restöl bestreichen.
- Restlichen Käse auf die Kugeln streuen.
- Bei 200° C etwa 25 - 30 Minuten backen.
- In der Form (Förmchen) abkühlen lassen.

Schokotropfen - Muffins

Zutaten:

200 g Mehl
150 g brauner Zucker
100 ml Sonnenblumenöl
100 g Schokoladentropfen
2 Eier
4 EL Joghurt
2 TL Backpulver
½ TL Natron
100 g Vollmilchkuvertüre

Zubereitung:

- Die Eier schaumig schlagen.
- Joghurt, Zucker und Öl unterrühren.
- Mehl, Backpulver, Natron und Schokoladentropfen vermischen.
- Mischung schnell unter die Eiermasse rühren.
- Teig in die Muffinförmchen füllen.
- Bei 200° C etwa 20 – 25 Minuten backen.
- In der Form (Förmchen) etwas abkühlen lassen.
- Kuvertüre über dem Wasserbad schmelzen.
- „Muffinköpfe" in die Kuvertüre tauchen.

Sekt - Mandel - Muffins

Zutaten:

150 g Mehl
150 g Margarine
100 g gemahlene Mandeln
150 g Zucker
50 g Schokoladenraspeln
120 ml Sekt
10 g Kakaopulver
½ Päckchen Backpulver
2 Eier
2 TL lösliches Espressopulver
1 Päckchen Vanillezucker

Zubereitung:

- Mehl, Backpulver, Kakao, Espresso, Schokoraspeln und Mandeln sorgfältig vermischen.
- Die Eier schaumig rühren.
- Margarine, Sekt, Zucker und Vanillezucker unterrühren.
- Mehlmischung unter die Eiermasse heben.
- Teig auf 12 Muffinförmchen verteilen.
- Bei 200° C etwa 15 - 20 Minuten backen.
- In der Form (Förmchen) abkühlen lassen.

Walnuss - Möhren - Muffins

Zutaten für 12 – 14 Stück:

250 g Mehl
150 g Butter
1 kleine Möhre
100 g Walnusskerne
1 Stück Ingwer (haselnussgroß)
1 Ei
4 EL Joghurt
80 ml Milch
½ Päckchen Backpulver
100 g geriebener Käse
Salz, Pfeffer

Zubereitung:

- Die Walnusskerne und Ingwer klein hacken.
- Möhre fein raspeln.
- Butter schmelzen.
- Das Ei schaumig rühren.
- Joghurt, Milch und Butter unterrühren.
- Möhre, Nüsse, Ingwer und 75 g Käse unterheben.
- Mit Salz und Pfeffer abschmecken.
- Mehl und Backpulver vermischen.
- Mischung unter die Teigmasse heben.
- Teig auf 12 – 14 Muffinförmchen verteilen.
- Muffins mit dem Restkäse bestreuen.
- Bei 200° C etwa 25 Minuten backen.
- In der Form (Förmchen) abkühlen lassen.

Kuchen & Torten

mit und ohne Udo J. ääähh Sahne

Beeren - Charlotte

Zutaten:

400 g Himbeeren
250 g Erdbeeren
600 g Magerquark
250 g Amarettini
130 g Butter
150 g Zucker
3 Päckchen Vanillezucker
650 g Sahne
15 – 20 Löffelbiskuits
60 g Sofortgelatine / Fertiggelatine
Saft einer Limette

Zubereitung:

- Amarettini fein zerbröseln.
- Brösel mit der Butter verkneten.
- Boden einer Springform damit belegen.
- Etwa 60 Minuten kühl stellen.
- Erdbeeren vierteln.
- Zucker, Vanillezucker und 30 g Gelatine vermischen.
- Himbeeren pürieren.
- Sahne mit Restgelatine steif schlagen.
- Püree, Quark, Saft und Zuckermischung verrühren.
- Erdbeeren und Sahne unterheben.
- Kurz angelieren lassen.
- Löffelbiskuits halbieren.
- Etwas Creme an den Rand des Tortenbodens geben.
- Biskuits aufrecht in die Creme an den Rand stellen.
- Restcreme einfüllen und glatt streichen.
- Mindestens 4 Stunden kalt stellen.
- Mit Sahnetupfen und Beeren garniert servieren.

Beeren - Quark - Torte

Zutaten Tortenboden:

160 g Löffelbiskuit
110 g Zucker
135 g Butter
400 g gemischte Beeren (TK oder frisch)
200 g Erdbeeren
280 g Sahnequark
80 g Zucker
200 g Schlagsahne
2 EL Zitronensaft
2 Päckchen Tortenguss
50 ml Himbeersirup
20 g Sofortgelatine / Fertiggelatine
400 ml Wasser

Zubereitung:

- Für den Tortenboden Löffelbiskuit zerbröseln.
- Brösel mit Butter und 30 g Zucker verkneten.
- Tortenring auf eine gefettete Tortenplatte stellen.
- Den Teig darauf verteilen und gut andrücken.
- Mindestens 30 Minuten im Kühlschrank kühlen.
- Für den Belag die Erdbeeren pürieren.
- Quark und Zitronensaft mit dem Püree verrühren.
- Gelatine mit Restzucker vermischen und unterrühren.
- Schlagsahne steif schlagen und unterheben.
- Die Quarkcreme auf dem Tortenboden verteilen.
- Mindestens 3 Stunden im Kühlschrank kühlen.
- Beerenmischung auf die gekühlte Quarkcreme geben.
- Tortenguss mit Wasser, Sirup und 2 EL Zucker anrühren und über die Beerenmischung gießen.
- Tortenguss im Kühlschrank fest werden lassen.

Espresso - Torte

Zutaten:

250 g Amarettini – Kekse
600 g Schlagsahne
175 g Schokostreusel
2 Päckchen Vanillezucker
45 g Fertiggelatine / Sofortgelatine
5 EL Espresso – Instantpulver

700 g Frischkäse
150 g Butter
1 Dose Mandarinen
125 g Zucker
2 EL Kakaopulver
3 TL Amarettolikör

Zubereitung:

- Mandarinen abtropfen lassen.
- Butter schmelzen lassen.
- Amarettini fein zerbröseln.
- Beides mit 25 g Zucker verkneten.
- Amarettiniknete in eine gefettete Springform drücken.
- Tortenboden etwa 30 – 45 Minuten kalt stellen.
- Amaretto, Kakao- und Espressopulver in 5 EL heißes Wasser rühren.
- Etwas abkühlen lassen.
- Zucker, Vanillezucker und 15 g Gelatinepulver vermischen.
- Mischung mit Espresso, Frischkäse und 150 g Streusel verrühren.
- Halbe Sahnemenge mit 15 g Gelatine steif schlagen.
- Steife Sahne und Mandarinen unter die Käsecreme heben.
- Creme auf den Amarettiniboden geben.
- Mindestens drei Stunden kalt stellen.
- Restsahne mit Restgelatine steif schlagen.
- Sahne auf die steife Creme streichen.
- Mit den restlichen Schokostreuseln überstreut servieren.

Giotto – Torte

Zutaten:

4 Stangen Giottokugeln
4 Päckchen backfeste Vanille-Puddingcreme (z.B. Dr.
    Oetker)
3 Wiener Tortenböden
3 Packungen Kinderriegel (630 g)

Zubereitung:

- Die Giotto mit einer Gabel zerdrücken.
- Puddingcreme nach Packungsanweisung zubereiten.
- Creme mit Giottoklein vermengen.
- Zwei Tortenböden mit der Creme bestreichen.
- Zusammen mit dem dritten Boden übereinanderlegen.
- Etwa eine Stunde im Kühlschrank kühlen.
- Kinderriegel im Wasserbad schmelzen lassen.
- Die cremige Masse als Glasur auf die Torte streichen.
- Torte mit Giotto-Kugeln verzieren.
- Fertige Torte noch einmal kühl stellen.

Heidelbeer - Torte

Zutaten:

170g Löffelbiskuit
75g Butter
350 g Joghurt
75g Puderzucker
400g Heidelbeeren (Abtropfgewicht)
600g Sahne
1 Päckchen Vanillezucker
1 EL Zitronensaft
3 Päckchen Sahnesteif
1 TL Zimt
1 Päckchen Tortenguss
30 g Fertiggelatine / Sofortgelatine

Zubereitung:

- Löffelbiskuit klein zerbröseln.
- Butter schmelzen.
- Beides mit dem Zimt verkneten.
- Teig in eine gefettete Springform drücken.
- Tortenboden etwa 30 Minuten kühl stellen.
- Die Heidelbeeren abtropfen lassen, den Saft auffangen.
- Zitronensaft und 70 ml Heidelbeersaft verrühren.
- Gelatine mit dem Puderzucker in den Saft rühren.
- Kurz erwärmen bis beides ganz aufgelöst ist.
- Joghurt in eine Schüssel füllen.
- Heidelbeeren und Gelatinesaft unterziehen.
- Etwa 15 Minuten stehen lassen.
- 500 g Sahne mit 2½ Päckchen Sahnesteif schlagen
- Steife Sahne unter die Joghurtcreme heben.
- Creme auf den Teigboden streichen
- Mindestens zwei Stunden im Kühlschrank kühlen.

- Tortenguss mit 250 ml Heidelbeersaft nach Packungs-anweisung anrühren.
- Etwas abgekühlt auf die Torte geben und abkühlen lassen.
- Restsahne mit Restsahnesteif und Vanillezucker steif schlagen.
- Mit einer Spritztülle 12 Sahnetupfen auf die Torte spritzen.
- Sahnetupfen mit einer Heidelbeere verzieren.

Himbeer - Waffel - Torte

Zutaten:

400 g Neapolitaner Waffeln mit Haselnusscreme
350 g Himbeeren
600 g Sahnequark
800 g Schlagsahne
80 g weiche Butter
80 g Zucker
2 Päckchen Vanillezucker
60 g Sofortgelatine / Fertiggelatine
gehackte Pistazien

Zubereitung:

- Von den Waffeln etwa 250 g fein zerbröseln.
- Brösel mit der Butter gut verkneten.
- Einen Tortenring (26 cm) auf eine Tortenplatte stellen.
- Butterbrösel als Tortenboden auf die Platte drücken.
- Zucker, Vanillezucker und 30 g Gelatine vermischen.
- Mischung mit 300 g Beeren unter den Quark rühren.
- 300 g Sahne mit 10 g Gelatine steif rühren.
- Steife Sahne unter die Quarkmasse heben.
- 100 g Waffeln hochkant innen um den Ring stellen.
- Quarkcreme einfüllen und von der Mitte nach Außen schräg hoch-streichen.
- Ungefähr 3 Stunden kühl stellen.
- 400 g Sahne mit der Restgelatine steif schlagen.
- Sahne in die Mitte der „Tortenkuhle" füllen.
- Tortenoberfläche glatt streichen.
- Noch einmal 2 Stunden kühlen.
- Restsahne steif schlagen.
- Torte mit Sahnetupfen, Himbeeren, Pistazien und den restlichen Waffeln (zerkleinert) verzieren.

Joghurt-Mango-Himbeer-Torte

Zutaten:

300g Löffelbiskuit
200g Butter
1 Liter Joghurt fettarm
175g Zucker
300g gefrorene Himbeeren
200g Sahne
2 kleine Dosen Mango
Saft von 2 Zitronen
90 g Fertiggelatine / Sofortgelatine

Zubereitung:

- Löffelbiskuit zerkleinern.
- Die Butter schmelzen.
- Butter und Löffelbiskuit verkneten.
- Eine Springform mit Backpapier auslegen.
- Teig einfüllen und andrücken.
- Die Himbeeren auftauen und abtropfen lassen.
- Anschließend die Mangos abschütten und pürieren.
- Gelatine mit Zucker vermischen.
- Mischung, Zitronensaft mit 500 g Joghurt verrühren.
- Etwa 10-15 Minuten stehen lassen.
- Dann den restlichen Joghurt unterrühren.
- Zum Schluss die Sahne unterheben.
- Ein Drittel der Masse in die Springform füllen.
- Eine Hälfte vom Mangopüree spiralförmig auf die Masse geben.
- Die Hälfte der Himbeeren auf der Masse verteilen.
- Das Ganze noch einmal wiederholen.
- Dann die restliche Joghurtmasse vorsichtig einfüllen.
- Mindestens 3 Stunden kalt stellen.

Käse - Karamell - Torte

Zutaten:

350 g Schokokekse
600 g Schlagsahne
900 g Frischkäse
120 g Puderzucker
160 g Butter
3 EL brauner Zucker
4 Schoko-Karamellriegel (z.B. Mars)
100 g Kuvertüre
40 g Sofortgelatine / Fertiggelatine

Zubereitung:

- Schokokekse fein zerbröseln.
- Brösel mit 140 g Butter verkneten.
- Boden einer Springform damit belegen.
- Etwa 60 Minuten kühl stellen.
- Braunen Zucker, 100 g Schlagsahne und Restbutter aufkochen und karamellisieren lassen.
- Karamellsoße abkühlen lassen.
- Karamellriegel in kleine Stücke schneiden.
- 450 g Sahne mit 10 g Gelatine steif schlagen.
- Käse, Puderzucker und Restgelatine cremig rühren.
- Sahne und Karamellstückchen unterheben.
- Halbe Crememenge auf den Tortenboden geben.
- Die Hälfte der Karamellsoße auf die Creme streichen.
- Restcreme einfüllen.
- Glatt streichen und mindestens 4 Stunden kühl stellen.
- Kuvertüre mit der Restsahne schmelzen lassen.
- Etwas abgekühlt auf die Torte träufeln.

Kirsch - Charlotte

Zutaten:

500 g Sauerkirschen (Glas, TK oder frisch)
1 Dose Mandarinen
30 Löffelbiskuits (ca.)
1000 g Vanillejoghurt
400 g Schlagsahne
130 g Zucker
3 Päckchen Vanillezucker
Saft von einer Zitrone
60 g Sofortgelatine / Fertiggelatine
250 ml Kirschsaft
1 Päckchen Tortenguss
1 EL Zucker

Zubereitung:

- Tortenring auf eine Tortenplatte legen.
- Den Boden dicht mit Biskuits auslegen.
- Mandarinen abtropfen lassen.
- Sahne steif schlagen.
- Zucker, Vanillezucker und Gelatinepulver vermischen.
- Mischung mit Zitronensaft und Joghurt verrühren.
- Mandarinen und Sahne unterheben.
- Etwas Creme in die Form füllen.
- Restliche Biskuits halbieren.
- Biskuits aufrecht an den Tortenrand stellen.
- Restcreme einfüllen und glatt streichen.
- Mindestens 3 Stunden kühlen.
- Vorbereitete Kirschen auf die Torte geben.
- Kirschsaft, Zucker und Tortenguss aufkochen.
- Guss auf den Kirschen verteilen.
- Noch einmal eine Stunde kühlen.

Mascarpone - Beeren - Torte

Zutaten:

125 g Butter
200 g Löffelbiskuit
30 g Fertiggelatine / Sofortgelatine
2 Päckchen Vanillezucker
400 g Magerquark
500 g Mascarpone
120 g Puderzucker
Saft von 2 Zitronen
2 Päckchen Tortenguss
700 g Beerenmischung (TK)
Paniermehl

Zubereitung:

- Löffelbiskuit fein zerbröseln.
- Butter schmelzen lassen.
- Biskuitbröseln mit der Butter gut verkneten.
- Eine gefettete Springform mit Paniermehl bestreuen.
- Die Biskuitmasse in die Form drücken.
- Form etwa 15 Minuten kühl stellen.
- Quark, Mascarpone und Zitronensaft verrühren.
- Vanillezucker, Puderzucker und Gelatine vermischen.
- Mischung unter die Quarkmasse rühren.
- Quarkmasse auf den Teigboden geben.
- Etwa zwei Stunden kalt stellen.
- Die Beerenmischung auftauen und abtropfen lassen.
- Beeren auf die steife Quarkmasse geben.
- Tortenguss nach Packungsanweisung anrühren.
- Gerührtes über die Beeren gießen.
- Torte bis zum Servieren kalt stellen.

Mikado - Torte

Zutaten:

100 g Butterkekse
150 g Mikadostäbchen (Zartbitter)
500 g Schlagsahne
450 g Frischkäse
140 g Zucker
1 Päckchen Vanillezucker
140 g Butter
4 – 5 Bananen (etwa 320 g)
Saft einer halben Zitrone
40 g Sofortgelatine / Fertiggelatine

Zubereitung:

- Kekse und 120 g Mikadostäbchen fein zerbröseln.
- Butter schmelzen.
- Brösel mit der Butter verkneten.
- Boden einer Springform damit belegen.
- Etwa 60 Minuten kühl stellen.
- Bananen (bis auf eine) mit dem Zitronensaft pürieren.
- Zucker und Gelatinepulver unter den Frischkäse rühren.
- Bananenpüree ebenfalls unterrühren.
- Sahne mit dem Vanillezucker steif schlagen.
- Steife Sahne unter die Käsecreme heben.
- Creme auf den Tortenboden streichen.
- Mindestens 4 Stunden kühl stellen.
- Mit den restlichen Stäbchen und der Banane garnieren.

Pflaumen - Vanille - Torte

Zutaten:

150 g Löffelbiskuits
200 g Amarettini
150 g Butter
500 g Pflaumen
500 g Vanille – Joghurt
400 g Sahne
40 g Zucker
40 g Fertiggelatine / Sofortgelatine

Zubereitung:

- Die Butter zerlassen.
- Biskuits und Amarettini fein zerreiben.
- Keksbrösel und Butter vermischen.
- Einen Tortenring (Springformrand) auf eine Torten-platte legen.
- Brösel einfüllen und leicht andrücken.
- Im Kühlschrank kalt stellen.
- Pflaumen in kleine Stückchen schneiden.
- Sahne mit 10 g Gelatinepulver steif schlagen.
- Zucker und Restgelatine vermischen.
- Mischung unter den Joghurt rühren.
- Pflaumenstücke und Sahne unterheben.
- Creme in die Form füllen und glatt streichen.
- Mindestens drei Stunden kalt stellen.
- Mit Pflaumenspalten und/oder Amarettini garniert servieren.

Russisch Brot - Torte

Zutaten Tortenboden:

350 g Russisch Brot Kekse
165 g weiche Butter

Zutaten Belag:

600 g Vanille-Joghurt
600 g Schlagsahne
60 g Zucker
2 Päckchen Vanillezucker
50 g Fertiggelatine / Sofortgelatine
2 EL Kakaopulver

Zubereitung:

- Für den Boden Kekse fein zerkrümeln.
- Krümel mit der Butter verkneten.
- Etwa ein Drittel der Krümel in eine gefettete Springform drücken.
- Boden mind. 30 Minuten im Kühlschrank kühlen.
- Für den Belag Zucker, Vanillezucker und Gelatinepulver vermischen.
- Sahne mit 2 EL der Mischung steif schlagen.
- Restmischung unter den Joghurt rühren.
- Steife Sahne unter den Joghurt heben.
- Die Creme in zwei Teile teilen.
- Unter die eine Hälfte das Kakaopulver rühren.
- Abwechselnd mit einem Esslöffel helle und dunkle Creme auf den Krümelboden geben.
- Dann die Creme glatt streichen.
- Restliche Krümel auf der Creme verteilen.
- Torte mindestens 4 Stunden kühl stellen.

Trauben - Mandarinen - Torte

Zutaten:

200 g Amarettini - Kekse
50 g Schokoladenkuvertüre
150 g Butter
500 g Naturjoghurt
30 g Cappuccinopulver (Instant)
2 Dosen Mandarinen
250 g kernlose Weintrauben
300 g Schlagsahne
3 Päckchen Vanillezucker
50 g Fertiggelatine / Sofortgelatine
1 Päckchen Tortenguss (klar)
1 EL Amarettolikör
2 EL Zucker

Zubereitung:

- Amarettini zerbröseln.
- Kuvertüre und Butter im Wasserbad schmelzen.
- Zusammen mit den Keksbröseln verkneten.
- Masse in eine mit Backpapier ausgelegte Springform drücken.
- Etwa 30 Minuten im Kühlschrank fest werden lassen.
- Mandarinen abtropfen lassen.
- Dabei den Saft auffangen.
- Weintrauben halbieren.
- Cappuccinopulver, Vanillezucker und 40 g Gelatinepulver vermischen.
- Mischung unter den Joghurt rühren.
- Sahne mit der Restgelatine steif schlagen.
- Zusammen mit den Trauben unter die Joghurtcreme heben.

152

- Creme auf den abgekühlten Boden streichen.
- Mindestens 3 Stunden gekühlt fest werden lassen.
- Mandarinen auf die Torte legen.
- Mandarinensaft mit Amaretto vermengen (insgesamt 250 ml).
- Tortenguss nach Packungsanweisung mit dem Saft und Zucker zubereiten.
- Fertigen Guss auf die Torte geben.
- Etwa 2 Stunden kühl stellen.

Tiramisu - Torte

Zutaten:

150 g Löffelbiskuit
800 g Brunch (cremiger Brotaufstrich)
200 g Kuvertüre (weiß)
100 ml Espresso
200 g Sahne
40 g Zucker
3 EL Amaretto
50 ml Marsala-Wein
40 g Fertiggelatine / Sofortgelatine
Kakaopulver

Zubereitung:

- Amaretto und mit dem kalten Espresso verrühren.
- Tortenring bzw. Springformrand auf eine Tortenplatte legen.
- Aus den Biskuit einen Tortenboden legen.
- Biskuit mit dem Amaretto – Espresso beträufeln.
- Kuvertüre im Wasserbad schmelzen.
- Etwas abkühlen lassen.
- Kuvertüre, Gelatinepulver, Zucker, Marsala und Brunch gut verrühren.
- Sahne steif schlagen.
- Steife Sahne unter die Creme heben.
- Creme auf den Biskuitboden streichen.
- Mindestens 4 Stunden im Kühlschrank kalt stellen.
- Tortenring / Springformrand entfernen.
- Vor dem Servieren mit Kakaopulver bestäuben.

Bounty - Torte - mit Obst

Zutaten Tortenboden:

150 g Mehl
75 g Zucker
75 g Butter
1 TL Backpulver
2 Eier
5 EL Milch
1 Päckchen Vanillezucker

Zutaten Belag:

3 Päckchen Vanillezucker
600 g Schlagsahne
3 Päckchen Sahnesteif
1 Mango
5 „normale" Riegel Bounty

Zubereitung:

- Für den Tortenboden Butter, Eier, Vanillezucker und Zucker schaumig rühren.
- Mehl mit Backpulver vermischen.
- Mischung mit der Milch nach und nach unterrühren.
- Teig in eine gefettete Tortenbodenform geben.
- Bei 175° C etwa 20 Minuten backen.
- Tortenboden abkühlen lassen.
- Für den Belag die Bounty-Riegel grob zerkleinern.
- Sahne mit Vanillezucker und Sahnesteif steif schlagen.
- Zerkleinerte Bounty-Riegel untermischen.
- Bounty-Sahne auf den Tortenboden geben.
- Mango schälen und in kleine Stücke schneiden.
- Die Torte mit den Mangostücken belegen.
- Als Belag kann auch anderes Obst genommen werden.

Diabetiker Käsekuchen

Zutaten:

130 g Mehl
1 TL Backpulver
90 g Zucker für Diabetiker (Fructose)
30 g Margarine
650 g Magerquark
2 Eiweiß
4 Eigelb
2 Tropfen Zitronenaroma
1 Päckchen Vanille – Saucenpulver
3 EL Milch (fettarm 1,5%)
Kondensmilch (ungezuckert, 7,5%)

Zubereitung:

- 25 g Zucker, 2 Eigelb und Margarine schaumig rühren.
- Mehl und Backpulver vermischen.
- Mischung mit dem Eierzucker zu einem glatten Teig verrühren.
- Den Teig in eine gefettete Springform geben.
- Teig mehrmals mit einer Gabel einstechen.
- Bei 200° C etwa 7 – 8 Minuten backen.
- Vorgebackenen Tortenboden abkühlen lassen.
- Quark, Restzucker, 2 Eigelb und Zitronenaroma gut verrühren.
- Das Soßenpulver mit der Milch anrühren.
- Vanillesauce in die Quarkmasse einrühren.
- Eiweiß steif schlagen.
- Eischnee unter den Quark heben.
- Quarkmasse auf den Boden geben und glatt streichen.
- Quarkoberfläche mit der Kondensmilch bestreichen.
- Bei 200° C etwa 50 Minuten backen.

Eierlikör - Torte

Zutaten:

1 TL Backpulver
150 g Zucker
260 g gemahlene Haselnüsse
2 Eigelb
25 g Kakaopulver
4 Eier
1 Prise Zimt
250 ml Eierlikör
700 g Schlagsahne
3 EL Weinbrand
40 g Fertiggelatine
2 EL Puderzucker

Zubereitung:

- Zucker, Eigelb und Eier schaumig rühren.
- Haselnüsse, Kakao, Zimt und Backpulver vermischen.
- Mischung mit dem Eierzucker zu einem glatten Teig verrühren.
- Den Teig in eine Springform (mit Backpapier) geben.
- Bei 180° C etwa 30 Minuten backen.
- Tortenboden abkühlen lassen.
- Den Boden mit 100 ml Eierlikör und dem Weinbrand tränken.
- Tortenring um den Tortenboden legen.
- Halbe Gelatinemenge mit 600 g Sahne steif schlagen.
- Restlikör, Restgelatine und Puderzucker verrühren.
- Sahne unter die Eierlikörmasse heben.
- Sahnecreme auf den Tortenboden geben.
- Mindestens 4 Stunden im Kühlschrank kalt stellen.
- Torte mit der Restsahne verziert servieren.

Frischkäsetorte mit Mandarinen

Zutaten Tortenboden:

150 g Mehl
75 g Zucker
75 g Butter
1 TL Backpulver
2 Eier
5 EL Milch
1 Päckchen Vanillezucker

Zutaten Belag:

500 g Frischkäse
400 g Sahne
120 g Zucker
3 Päckchen Vanillezucker
1 Dose Mandarinen
Saft von 2 Zitronen
Orangensaft
45 g Fertiggelatine / Sofortgelatine

Zubereitung:

- Für den Tortenboden Butter, Eier, Vanillezucker und Zucker schaumig rühren.
- Mehl mit dem Backpulver vermischen.
- Mischung und die Milch unter die Butter – Eier – Creme rühren.
- Teig in eine gefettete Springform geben.
- Bei 175° C etwa 20 Minuten backen.
- Tortenboden auskühlen lassen.
- Mandarinen abschütten, dabei den Saft auffangen.
- Mandarinensaft und Zitronensaft mit Orangensaft auf 350 ml auffüllen.

- Zucker, Vanillezucker und Gelatinepulver vermischen.
- Saft, Frischkäse und Zuckermischung verrühren.
- Käsecreme im Kühlschrank etwas angelieren lassen.
- Sahne steif schlagen.
- Steife Sahne und Mandarinen unter die Käsecreme heben.
- Tortenring (Springformrand) um den Tortenboden legen.
- Käsecreme auf dem Tortenboden verteilen.
- Mindestens 3 Stunden im Kühlschrank fest werden lassen.
- Mit Mandarinen und Sahnetupfer garniert servieren.

Gugelhupf mit Vanille

Zutaten:

350 g Mehl
50 g Speisestärke
200 g Zucker
5 Eier
250 g weiche Butter
50 ml Milch
2 Päckchen Vanillearoma
1 Päckchen Backpulver
Paniermehl
Puderzucker

Zubereitung:

- Butter und Eier cremig rühren.
- Milch und Vanillearoma unterrühren.
- Backpulver, Mehl, Zucker und Speisestärke vermischen.
- Mehlmischung unter die Eiercreme rühren.
- Eine Gugelhupfform gut einfetten.
- Form mit Paniermehl ausstreuen.
- Teig einfüllen und glatt streichen.
- Bei 180° C etwa 55 Minuten backen.
- Nach dem Abkühlen mit Puderzucker bestäuben.

Johannisbeerkuchen mit Baiser

Zutaten Teig:

400 g Johannisbeeren
80 g Zucker
80 g Mehl
½ TL Backpulver
2 Eier
1 EL Semmelbrösel

Zutaten Baiser:

3 Eiweiß
½ TL Zimt
5 Päckchen Vanillezucker
90 g Zucker

Zubereitung:

- Johannisbeeren waschen und von den Stielen streifen.
- Eier und Zucker schaumig rühren.
- Mehl und Backpulver mischen.
- Mischung unter den Eierschaum heben.
- Die Johannisbeeren ebenfalls unterheben.
- Eine Springform einfetten.
- Form mit den Semmelbröseln ausstreuen.
- Teig in die Form geben und glatt streichen.
- Bei 180° C etwa 18 Minuten backen.
- Das Eiweiß zu steifem Schaum schlagen.
- Dabei den Zucker, Zimt und Vanillezucker einrieseln lassen.
- Vorgebackenen Kuchen aus dem Ofen nehmen.
- Sofort die Eischneemasse auf den Kuchen streichen.
- Kuchen bei 180° C etwa 13 – 15 Minuten fertig backen.

Kokos - Käse - Torte

Zutaten Teig:

80 g Kokosraspel
2 Päckchen Vanillezucker
1 Päckchen Backpulver
120 ml Milch

250 g Mehl
250 g Zucker
120 g Butter
4 Eier

Zutaten Belag:

30 g Fertiggelatine
500 g Ananasstücke
600 g Frischkäse
125 ml Kokosmilch
2 Päckchen Vanillezucker

100 g Zucker
200 g Naturjoghurt
80 ml Ananassaft
4 EL Rum

Zubereitung:

- Für den Teig Butter, Eier, Vanillezucker und Zucker schaumig rühren.
- Mehl, Backpulver, Kokosraspel vermischen.
- Mischung mit der Milch nach und nach unterrühren.
- Teig in eine gefettete Springform geben.
- Bei 180° C etwa 30 Minuten backen.
- Tortenboden abkühlen lassen.
- Joghurt, Frischkäse, Kokosmilch, Ananassaft und Rum gut verrühren.
- Zucker, Vanillezucker und Fertiggelatine vermischen.
- Mischung unter die Käsecreme rühren.
- Ananasstücke unterheben.
- Käsecreme auf den Teigboden streichen.
- Torte mindestens 2 – 3 Stunden kalt stellen.

Mascarpone im Kasten

Zutaten:

500 g Mascarpone
250 g Mehl
100 g gemahlene Haselnüsse
150 g Zucker
1 Päckchen Vanillezucker
250 g Waldbeeren (Johannisbeeren)
2 Eier
2 TL Backpulver
1 Vanilleschote
Puderzucker

Zubereitung:

- Das Mark aus der Vanilleschote kratzen.
- Eier, Zucker, Vanillezucker und Mark cremig rühren.
- Mehl, Backpulver und Nüsse vermischen.
- Mischung mit dem Mascarpone unter die Eiercreme rühren.
- Angefeuchtete Beeren in etwas Mehl wälzen.
- Beeren gleichmäßig unter den Teig heben.
- Teig in eine mit Backpapier ausgekleidete Kastenform geben.
- Bei 180° C etwa 60 – 70 Minuten backen.
- In der Form 15 Minuten auskühlen lassen.
- Danach aus der Form stürzen.
- Mit Puderzucker bestäubt servieren.

Nusstorte mit Trauben

Zutaten:

1 Päckchen Vanillezucker
250 g Mehl
½ Päckchen Backpulver
150 g Zucker
250 g kleine kernlose Weintrauben
125 g Butter
75 g Walnusskerne
3 Eier
500 g Mascarpone
500 g Magerquark
15 g Fertiggelatine / Sofortgelatine
Saft von einer Zitrone
Paniermehl

Zubereitung:

- Eier, Butter, 75 g Zucker und Vanillezucker cremig rühren.
- Mehl mit Backpulver mischen.
- Mischung unter die Eiercreme rühren.
- Walnusskerne fein hacken.
- Trauben und Nüsse unter den Teig heben.
- Eine Springform fetten und mit dem Paniermehl gleichmäßig ausstreuen.
- Teig in die Form geben und glatt streichen.
- Bei 175° C etwa 35 – 40 Minuten backen.
- Kuchen auskühlen lassen.
- Quark, Mascarpone, Restzucker, Zitronensaft und Gelatine verrühren.
- Tortenboden auf eine Tortenplatte geben.

- Springformrand (Tortenring) um den Kuchen legen.
- Käsecreme auf dem Kuchen verteilen und glatt streichen.
- Mit Trauben und Walnüssen verzieren.
- Mindestens 2 Stunden im Kühlschrank kühlen.

Pflaumenkuchen mit Schuss

Zutaten:

330 g Mehl
200 g Zucker
1 TL Backpulver
160 g weiche Butter
3 Eier
120 ml Eierlikör
1 Prise Salz
600 g Pflaumen

Zubereitung:

- Pflaumen entkernen und halbieren.
- Eier mit der Butter cremig rühren.
- Salz, Zucker und Eierlikör einrühren.
- Mehl mit Backpulver mischen.
- Mischung unter die Creme rühren.
- Eine Springform mit Backpapier auslegen.
- Teig in die Form geben und glatt streichen.
- Pflaumen kreis- oder spiralförmig in den Teig drücken.
- Bei 180° C etwa 50 Minuten backen.
- In der Form auskühlen lassen.
- Mit Puderzucker überstreut servieren.

Quarktorte mit Himbeeren

Zutaten Teig:

130 g Mehl
90 g Zucker
½ Päckchen Backpulver
50 g Schokostreusel
100 g zerlassene Butter
3 EL Milch
2 Eier

Zutaten Belag:

50 g Hartweizengrieß
50 ml Schlagsahne
350 g Sahnequark
90 g Zucker
150 g Himbeeren (TK)
1 Spritzer Zitrone

Zubereitung:

- Für den Teig Eier, Zucker, Butter und Milch cremig rühren.
- Mehl, Backpulver und Schokostreusel vermischen.
- Mischung unter die Eiercreme rühren.
- Teig in eine gefettete Springform geben.
- Bei 180° C etwa 15 Minuten backen.
- Für den Belag Grieß, Quark, Sahne, Zucker und Zitrone verrühren.
- Quarkmasse auf den vorgebackenen Boden geben.
- Die Himbeeren leicht in die Quarkmasse eindrücken.
- Bei 180° C etwa 25 Minuten fertig backen.

Rotweingugelhupf

Zutaten:

130 ml Rotwein
250 g Butter (sehr weich)
250 g Mehl
250 g Zucker
3 Eier
1 EL Kakaopulver
1 TL Zimt
3 EL Schokoladenflocken
1 Päckchen Backpulver
1 Päckchen Vanillezucker

Zubereitung:

- Vanillezucker, Zucker, Eier, Rotwein und Butter cremig rühren.
- Backpulver, Zimt, Kakao, Schokoflocken und Mehl vermischen.
- Mischung unter die Creme rühren.
- Eine Gugelhupfform einfetten und mit Mehl bestäuben.
- Den Teig vorsichtig einfüllen und glatt streichen.
- Bei 170° C etwa 60 Minuten backen.
- Fertigen Kuchen in der Form auskühlen lassen.
- Mit Puderzucker überstreut servieren.

Spanischer Apfelkuchen

Zutaten:

250 g Butter
250 g Zucker
250 g Mehl
1 Päckchen Backpulver
5 Eier
1 Esslöffel Kakao
1 Esslöffel Zimt (gestrichen)
2 Päckchen Vanillezucker
50 g Rosinen
5 Äpfel
Calvados
Puderzucker

Zubereitung:

- Rosinen in einem Schälchen mit Calvados bedecken.
- Butter, Zucker, Vanillezucker und Eier schaumig rühren.
- Mehl, Backpulver, Zimt und Kakao vermischen.
- Mischung unter den Eierschaum rühren.
- Etwa zwei Drittel Teig in eine gefettete Springform geben.
- Äpfel schälen und in kleine Würfel schneiden.
- Apfelstücke und Rosinen vermengen.
- Alles zusammen auf dem Teig verteilen.
- Restlichen Teig über die Apfelmischung streichen.
- Bei 180° C etwa 50 – 60 Minuten backen.
- Evtl. mit Alufolie abdecken.
- Nach dem Auskühlen mit Puderzucker bestäuben.

Zebrakuchen mit Erdbeeren

Zutaten:

2 Päckchen Vanillezucker
180 g Zucker
4 Eier
½ Fläschchen Butter-Vanille-Aroma
180 ml Öl
100 ml Wasser (lauwarm)
300 g Mehl
1 Päckchen Backpulver
2 EL Kakaopulver
1 EL Semmelbrösel
500 g Erdbeeren
1 Päckchen Puddingpulver (zum kalt anrühren)
300 ml Milch
300 g Naturjoghurt
1 Päckchen Tortenguss (rot)

Zubereitung:

- Die Eier trennen.
- Zucker, Vanillezucker und Eigelb cremig rühren.
- Vanillearoma, Öl und Wasser zugeben.
- Mehl mit Backpulver mischen.
- Mischung unter die Creme rühren.
- Eiweiß steif schlagen.
- Eischnee unter den Teig heben.
- Teig halbieren.
- Unter eine Hälfte den Kakao rühren.
- Eine gefettete Springform mit Semmelbrösel ausstreuen.
- 2 EL vom hellen Teig in die Mitte geben.

- Auf den hellen Teig 2 EL dunklen Teig geben (nicht daneben).
- Vorgang wiederholen, bis kein Teig mehr vorhanden ist.
- **!!Achtung!!** Den Teig nicht glatt streichen.
- Bei 180° C etwa 30 - 35 Minuten backen.
- Kuchen abkühlen lassen.
- Nach dem Abkühlen evtl. den Kuchen oben begradigen.
- Erdbeeren putzen und halbieren.
- Puddingpulver mit Milch und Joghurt anrühren.
- Fertigen Pudding auf dem Kuchen verstreichen.
- Erdbeeren mit der Schnittfläche nach unten auf den Pudding legen.
- Tortenguss nach Packungsanweisung herstellen.
- Guss über die Erdbeeren geben.
- Mindestens eine Stunde kühl stellen.

Versunkener Aprikosenkuchen

Zutaten:

270 g Mehl
150 g Zucker
1 große Dose Aprikosen
4 Eier
1 Päckchen Backpulver
150 g Butter
2 Päckchen Vanillezucker
125 ml Milch
1 EL Zitronensaft
125 g Schlagsahne
Puderzucker

Zubereitung:

- Aprikosen abtropfen lassen.
- Zucker, Vanillezucker, Butter und Eier schaumig rühren.
- Milch, Sahne und Zitronensaft zugeben.
- Mehl mit Backpulver mischen.
- Mischung unter die Eiercreme rühren.
- Etwa ein Viertel vom Teig in eine gefettete Springform geben.
- Bis auf 12 Aprikosen das Obst auf den Teig legen.
- Den Restteig über die Aprikosen streichen.
- Die 12 Aprikosen ringförmig auf den Teig legen.
- Bei 170°C etwa 70 Minuten backen.
- Nach dem Auskühlen mit Puderzucker bestäuben.

Apfel - Quark - Kuchen

Zutaten Teig:

230 g Mehl
1 Päckchen Vanillezucker
1 TL Backpulver (gestrichen)

120 g Butter
60 g Zucker
1 Eigelb

Zutaten Belag:

800 g Quark
35 g Speisestärke
1 Päckchen Vanillepudding
2 Eigelb
2 EL Zitronensaft
4 EL Calvados

220 g Zucker
100 g Rosinen
3 Eiweiß
2 TL Rum
4 EL Milch
2 – 3 Äpfel

Zubereitung:

- Rosinen mit Rum beträufeln.
- Alle Teigzutaten zu einem glatten Teig verkneten.
- Teig in Folie gewickelt etwa 30 Minuten kalt stellen.
- Für den Belag Zucker, Eigelb und Quark verrühren.
- Milch, Stärke und Puddingpulver unterrühren.
- Eiweiß sehr steif schlagen.
- Eischnee und betrunkene Rosinen unter die Quarkmasse heben.
- Teig in eine gefettete Springform drücken.
- Dabei einen 3 cm Rand hochziehen.
- Die Quarkmasse einfüllen und glatt streichen.
- Geschälte Äpfel in dünne Scheiben schneiden.
- Sofort mit Zitronensaft und Calvados beträufeln.
- Äpfel auf die Quarkschicht legen.
- Bei 180° C etwa 60 Minuten backen.
- Evtl. mit Alufolie abdecken.

Käsekuchen mit Baiserhaube

Zutaten Teig:

200 g Mehl
75 g Zucker
75 g Butter
1 TL Backpulver
1 Ei

Zutaten Belag:

100g Zucker
250 g Speisequark
250 g Sahnequark
500 ml Milch
1 Tasse Öl
1 Päckchen Vanillepudding
1 Zitrone
2 Eigelb
1 Prise Salz

Zutaten Baiserhaube:

2 Eiweiß
100 g Zucker

Zubereitung:

- Alle Teigzutaten zu einem geschmeidigen Mürbeteig kneten.
- Eine gefettete Springform mit dem Mürbeteig auslegen.
- Dabei einen Rand von etwa 3 - 4 cm hochziehen.
- Für den Belag Öl, Eigelb, Quark, Salz und Zucker cremig rühren.

- Nach und nach Puddingpulver, Milch und Zitronensaft zugeben.
- Alles gut verrühren.
- Quarkmasse auf den Teig geben.
- Die Masse ist noch sehr flüssig, wird beim Backen aber fest.
- Bei 175° C etwa 60 Minuten backen.
- Eiweiß mit dem Zucker steif schlagen.
- Eischnee auf den gebackenen Kuchen geben.
- Dabei mit einem Esslöffel kleine Mulden bilden und deren Enden hochziehen.
- Kuchen weitere 15 Minuten backen, bis die Oberfläche hellgelb gefärbt ist.

Mandarinentraum

Zutaten Teig:

110 g weiche Butter
220 g Mehl
20 g gemahlene Haselnüsse
80 g Zucker
20 g gemahlene Mandeln
1 Eigelb

Zutaten Belag:

2 Dosen Mandarinen
250 g Schmand
300 g Naturjoghurt
600 g Sahne
50 g Fertiggelatine / Sofortgelatine
70 g Zucker
1 Päckchen Puddingpulver / Puddingcreme (ohne Kochen)

Zubereitung:

- Alle Teigzutaten mit 2 EL Wasser verkneten.
- In Folie gewickelt etwa 30 Minuten kalt stellen.
- Eine Springform mit Backpapier auslegen.
- Teig in die Form drücken (ausrollen).
- Bei 175° C etwa 10 Minuten backen.
- Tortenboden auskühlen lassen.
- Für den Belag die Mandarinen abtropfen lassen.
- Dabei den Saft auffangen.
- Zucker mit 40 g Gelatinepulver vermischen.
- Mischung mit Schmand und Joghurt verrühren.
- Sahne mit Restgelatinepulver steif schlagen.
- Steife Sahne unter die Joghurtcreme heben.

- Halbe Menge Creme auf den Tortenboden streichen.
- Creme mit der Hälfte der Mandarinen belegen.
- Restcreme glatt darüberstreichen.
- Torte eine Stunde im Kühlschrank kühlen.
- Restmandarinen pürieren.
- Püree mit Mandarinensaft auf 250 ml auffüllen.
- Mit dem Puddingpulver etwa 3 Minuten verrühren.
- Puddingcreme auf die Torte streichen.
- Mindestens noch 2 Stunden kühl stellen.

Negerkuss - Torte

Zutaten:

250 g Quark
1 Tortenboden (Mürbeteig)
2 EL Zitronensaft
500 g Sahne
15 Negerküsse

Zubereitung:

- Negerkuss – Schaummasse vom Waffelboden trennen.
- Sahne sehr steif schlagen.
- Quark mit Zitronensaft und Schaummasse gut verrühren.
- Die Sahne vorsichtig unterheben.
- Masse auf den Mürbeboden streichen.
- Torte mit den Waffelböden verzieren.

Pflaumenkuchen mit Baiser

Zutaten Teig:

230 g Mehl
100 g Zucker
120 g weiche Butter
1 Ei
1 Päckchen Vanillezucker

Zutaten Belag:

800 g Pflaumen
300 g Zucker
125 g gemahlene Walnüsse
7 Eiweiß
50 g gehackte Walnüsse
60 g Grieß

Zubereitung:

- Alle Teigzutaten zu einem glatten Teig verkneten.
- Teig in Folie gewickelt etwa 60 Minuten im Kühlschrank kühlen.
- Für den Belag die Pflaumen entsteinen und vierteln.
- Eiweiß steif schlagen.
- Dabei den Zucker einrieseln lassen.
- Grieß und gemahlene Nüsse unterheben.
- Gekühlten Teig in eine gefettete Springform drücken.
- Dabei einen Rand von ca. 3 cm hochziehen.
- Halbe Eischneemenge aufstreichen.
- Pflaumen auf die Eischneeschicht legen.
- Den restlichen Eischnee darauf verteilen.
- Die gehackten Nüsse überstreuen.
- Bei 180° C etwa 45 - 50 Minuten backen.
- In der Form abkühlen lassen.

Prosecco - Apfel - Kuchen

Zutaten Teig:

250 g Mehl
125 g Zucker
125 g weiche Butter
1 Ei
1 Päckchen Vanillezucker
1 EL Wasser
1½ TL Backpulver

Zutaten Belag:

250 g Zucker
1 kg Äpfel
200 g Schlagsahne
1 Flasche Prosecco
2 Päckchen Vanillezucker
6 EL Eierlikör
20 g Fertiggelatine / Sofortgelatine
2 Päckchen Puddingpulver (Vanille)
Zimt
Zitronensaft

Zubereitung:

- Alle Teigzutaten zu einem geschmeidigen Teig verkneten.
- Teig in eine gefettete Springform drücken.
- Dabei einen Rand von ca. 4 cm hochziehen.
- Mehrfach mit einer Gabel einstechen.
- Für den Belag die Äpfel in kleine Würfel schneiden.
- Würfel mit Zitronensaft übersprühen.
- Den Zimt überstreuen.

- Pudding nach Packungsanweisung mit dem Prosecco und dem Zucker kochen.
- Apfelstücke sofort unter den fertigen Pudding rühren.
- Apfelpudding auf den Tortenboden geben.
- Bei 170° C etwa 60 Minuten backen.
- Kuchen abkühlen lassen.
- Sahne mit Gelatinepulver und Vanillezucker steif schlagen.
- Eierlikör unter die Sahne rühren.
- Likörsahne auf den Kuchen streichen.
- Mindestens drei Stunden kühl stellen, besser über Nacht.

Quark- Himbeer - Kuchen

Zutaten Teig:

150 g Mehl
30 g Zucker
70 g weiche Butter
2 Eigelb

Zutaten Belag:

600 g Sahnequark
125 g Schmand
80 g Butter
3 Päckchen Vanillezucker
2 Päckchen Vanillepudding
1 EL Cognac
2 EL Zitronensaft
8 Eigelb
10 Eiweiß
200 g Zucker
1 Päckchen Tortenguss (rot)
500 g Himbeeren

Zubereitung:

- Alle Teigzutaten zu einem glatten Teig verkneten.
- Teig in eine mit Backpapier ausgelegte Springform drücken.
- Bei 200° C 12 Minuten vorbacken.
- Butter schmelzen und abkühlen lassen.
- Schmand, Eigelb, Puddingpulver, Quark, Vanillezucker, Cognac und Zitronensaft verrühren.
- Abgekühlte Butter ebenfalls unterrühren.
- Eiweiß steif schlagen.
- Dabei den Zucker einrieseln lassen.

- Eischnee unter die Quarkmasse heben.
- Die Quarkmasse auf den Tortenboden geben.
- Bei 180° C etwa 30 Minuten backen.
- Dann bei 150° C etwa 60 Minuten weiterbacken.
- Wenn die Oberfläche zu braun wird, mit Alufolie abdecken.
- Kuchen abkühlen lassen.
- Himbeeren auf dem abgekühlten Kuchen verteilen.
- Tortenguss nach Packungsanweisung herstellen.
- Fertigen Guss über die Himbeeren geben.

Rhabarber - Baiser - Kuchen

Zutaten Teig:

150 g Butter
80 g Zucker
300 g Mehl
½ Päckchen Backpulver
4 Eigelb
evtl. Milch

Zutaten Belag:

4 Eiweiß
200 g Zucker
1 kg Rhabarber
200 g Mandeln

Zubereitung:

- Für den Teig Butter, Zucker und Eigelb cremig rühren.
- Mehl und Backpulver mischen.
- Mischung unter die Eiercreme kneten.
- Wenn der Teig zu trocken ist, etwas Milch zugeben.
- Teig in eine gefettete Springform geben.
- Dabei einen Rand (ca. 3 cm) hochziehen.
- Für den Belag Rhabarber „enthäuten" und in kleine Stücke schneiden.
- Eiweiß steif schlagen.
- Dabei den Zucker einrieseln lassen.
- Mandeln und Rhabarber unter den Eischnee heben.
- Rhabarber – Baisermischung auf den Teig geben.
- Bei 180° C etwa 35 Minuten backen.

Zupfkuchen mit Sauerkirschen

Zutaten Teig:

300 g kalte Butter
6 EL Kakaopulver
2 Päckchen Backpulver
5 EL Schlagsahne

230 g Zucker
450 g Mehl
3 Eigelb
1 Prise Salz

Zutaten Belag:

1½ Gläser Sauerkirschen
900 g Magerquark
150 g Naturjoghurt
3 Päckchen Vanillezucker

6 Eier
300 g saure Sahne
300 g Zucker
1 Prise Salz

Zubereitung:

- Alle Teigzutaten rasch verkneten.
- Teig in Folie gewickelt 30 Minuten kühlen.
- Für den Belag die Kirschen abtropfen lassen.
- Die Eier trennen.
- Eiweiß mit dem Salz steif schlagen.
- Eigelb und restliche Belagzutaten gut verrühren.
- Den Eischnee vorsichtig unterheben.
- Ein tiefes Backblech fetten.
- Etwa ¾ vom Teig im Backblech ausrollen.
- Die Quarkmasse einfüllen und glatt streichen.
- Den Restteig in kleine Stücke zupfen.
- Zusammen mit den Kirschen auf dem Quark verteilen.
- Leicht andrücken.
- Bei 200° C etwa 45 – 55 Minuten backen.

Birnen - Sahne - Torte

Zutaten Böden:

200 g weiche Butter
200 g Mehl
230 g brauner Zucker
4 Eier
1½ TL Backpulver
160 g Schokolade
35 g Sahne

Zutaten Creme:

800 g Schlagsahne
1 große Dose Birnenhälften
50 g Sofortgelatine / Fertiggelatine
Saft einer halben Zitrone
5 EL Johannisbeerkonfitüre
gehackte Pistazienkerne

Zubereitung:

- Für die Böden die Schokolade raspeln.
- Mehl und Backpulver vermischen.
- Eier und Sahne verrühren.
- Zucker, Butter und Raspel in 100 ml Wasser erhitzen und schmelzen.
- Die Eiersahne unterrühren.
- Alles mit der Mehlmischung verrühren.
- Teig in eine gefettete Springform füllen.
- Bei 175° C etwa 35 Minuten backen.
- Nach dem Erkalten den Boden waagerecht halbieren.
- Für die Creme die Birnen gut abtropfen lassen.
- 4 Birnenhälften klein würfeln.
- Die restlichen Birnen mit dem Zitronensaft pürieren.

- 550 g Sahne mit 35 g Gelatine steif schlagen.
- Birnenpüree und Birnenwürfel unterheben.
- Um den unteren Tortenboden einen Tortenring legen.
- Boden mit der Konfitüre bestreichen.
- Birnensahne gleichmäßig einfüllen.
- Den oberen Boden auflegen.
- Etwa 4 Stunden kühl stellen.
- Restsahne mit Restgelatine steif schlagen.
- Ca. ein Fünftel der Sahne in eine Tortenspritze füllen.
- Den Tortenrand und die Oberfläche mit der Sahne bestreichen.
- Sahnetupfen aufspritzen und je nach Anlass (z.B. Ostern, Weihnachten etc.) verzieren.
- Torte mit den Pistazien bestreuen.

Cappuccino - Torte mit Vanillesahne

Zutaten Tortenboden:

100 g Mehl
100 g Speisestärke
150 g Zucker
2 Päckchen Vanillezucker
1 Päckchen Backpulver
4 Eier
3 EL Amaretto
1 EL Cappuccinopulver

Zutaten Belag:

1000 g Schlagsahne
50 ml Milch
50 g Zuckerrüben-Sirup
60 g Fertiggelatine / Sofortgelatine
1 TL Kakaopulver
Mark von 2 Vanilleschoten
3 EL Cappuccinopulver
12 Mini-Windbeutel (tiefgekühlt)
gehackte Pistazienkerne

Zubereitung:

- Für den Boden Eier, Amaretto, Vanillezucker und den Zucker schaumig schlagen.
- Mehl, Speisestärke, Backpulver und Cappuccinopulver vermischen.
- Mischung unter den Eierschaum heben.
- Teig in eine mit Backpapier ausgelegte Springform streichen.
- Bei 180° C etwa 30 Minuten backen.

- Den Tortenboden auskühlen lassen.
- Nach der Kühlzeit den Boden waagerecht halbieren.
- Um den unteren Boden einen Tortenring (Springform-rand) legen.
- Für den Belag Cappuccinopulver, Kakao, Sirup, Milch und 10 g Gelatinepulver verrühren.
- Etwa 450 g Sahne mit 20 g Gelatinepulver steif schlagen.
- Steife Sahne unter die Cappuccinomischung heben.
- Creme auf den unteren Boden streichen.
- Den zweiten Boden auflegen.
- Restsahne mit Restgelatine und Vanillemark steif schlagen.
- Creme auf den oberen Boden streichen.
- Windbeutel gleichmäßig verteilt aufsetzen und leicht andrücken.
- Torte mindestens 4 Stunden im Kühlschrank kühlen.
- Mit Pistazienkernen garniert servieren.

Eierlikörtorte mit Nüssen

Zutaten Teig:

130 g Zucker
110 g Mehl
110 g gemahlene Haselnüsse
4 Eier
1 Päckchen Backpulver

Zutaten Creme:

600 g Sahne
250 g Frischkäse
125 ml Eierlikör
100 ml Baileys-Likör
80 g Zucker
40 g Fertiggelatine / Sofortgelatine
Nüsse zum Dekorieren

Zubereitung:

- Für den Teig Eier, Zucker und 5 EL Wasser schaumig rühren.
- Nüsse, Mehl und Backpulver vermischen.
- Mischung unter den Eierschaum heben.
- Teig in eine mit Backpapier ausgelegte Springform geben.
- Bei 175° C etwa 35 Minuten backen.
- Tortenboden auskühlen lassen.
- Sahne mit 10 g Gelatinepulver steif schlagen.
- Eierlikör, Baileys und Frischkäse verrühren.
- Restgelatine mit dem Zucker vermischen.
- Mischung unter den Likörkäse rühren.
- Steife Sahne unterheben.

- Creme im Kühlschrank etwas angelieren lassen.
- Tortenboden einmal quer halbieren.
- Den unteren Boden auf eine Tortenplatte legen.
- Etwa zwei Drittel der Creme aufstreichen.
- Zweiten Tortenboden auflegen und leicht andrücken.
- Restcreme darauf verteilen und glatt streichen.
- Am Rand ebenfalls etwas Creme verstreichen.
- Torte mindestens 3 Stunden im Kühlschrank kühlen.
- Mit Nüssen dekoriert servieren.

Espresso - Charlotte

Zutaten Tortenboden:

25 g Speisestärke
50 g Mehl
25 g gemahlene Haselnüsse
50 g Zucker
1 Päckchen Vanillezucker
3 Eier

Zutaten Belag:

40 kleine Waffelröllchen
1½ Päckchen Vanille-Puddingpulver
800 g Schlagsahne
110 g Zucker
750 ml Milch
40 g Sofortgelatine / Fertiggelatine
4 TL Espressopulver (Instant)
3 Päckchen Vanillezucker
Schokoladen-Kaffeebohnen

Zubereitung:

- Für den Tortenboden die Eier trennen.
- Das Eiweiß steif schlagen.
- Zucker, Vanillezucker und Eigelb schaumig rühren.
- Mehl, Speisestärke und Nüsse unterrühren.
- Eischnee vorsichtig unterheben.
- Teig in eine gefettete Springform geben.
- Bei 180° C etwa 20 Minuten backen.
- Tortenboden abkühlen lassen.
- Für den Belag Puddingpulver, Espresso und Zucker vermischen.

- Mischung mit 175 ml Milch glatt rühren.
- Restmilch aufkochen lassen.
- Puddingmischung unter die Milch rühren.
- Unter Rühren etwa eine Minute köcheln lassen.
- Geköcheltes in eine Schüssel geben und mit Folie abdecken.
- Pudding mindestens 2 Stunden abkühlen.
- Nach der Abkühlzeit Vanillezucker und Gelatinepulver vermischen.
- Sahne mit der Gelatinemischung steif schlagen.
- Den Pudding gut durchrühren.
- Steife Sahne nach und nach unter den Pudding heben.
- Tortenboden auf eine Kuchenplatte geben.
- Einen Tortenring (Springformrand) um den Boden legen.
- Eine dünne Schicht Creme auf den Boden (Tortenboden!!!) streichen.
- Waffelröllchen aufrecht am Tortenring ringsum in die Creme drücken.
- Restliche Espressocreme einfüllen und glatt streichen.
- Torte mindestens 4 Stunden kühl stellen.
- Mit den Schokobohnen garniert servieren.

Herzen - Torte

Zutaten Tortenboden:

25 g Speisestärke
50 g Mehl
25 g gemahlene Haselnüsse
50 g Zucker
1 Päckchen Vanillezucker
3 Eier

Zutaten Belag:

250 g Nuss-Nougat-Herzen
500 g Vanillejoghurt
700 g Schlagsahne
50 ml Milch
60 g Sofortgelatine / Fertiggelatine
120 g Honig
Mark einer Vanilleschote

Zubereitung:

- Für den Tortenboden die Eier trennen.
- Das Eiweiß steif schlagen.
- Zucker, Vanillezucker und Eigelb schaumig rühren.
- Mehl, Speisestärke und Nüsse unterrühren.
- Eischnee vorsichtig unterheben.
- Teig in eine gefettete Springform geben.
- Bei 180° C etwa 20 Minuten backen.
- Tortenboden abkühlen lassen.
- Für den Belag die Sahne mit 20 g Gelatine steif schlagen.
- Milch, Honig und Vanillemark in einem Topf erwärmen.

- Danach abkühlen lassen.
- Etwa 120 g der Herzen im Wasserbad schmelzen.
- Joghurt und Restgelatine unter die Honigmilch rühren.
- Einen Tortenring (Springformrand) um den Tortenboden legen.
- Zwei Drittel der Creme auf den Boden (Tortenboden!!!) streichen.
- Geschmolzene Herzen unter die Restcreme rühren.
- Dunkle Creme in einen Spritzbeutel geben.
- Damit dicke Kleckse in die helle Creme spritzen.
- Torte mindestens 3 Stunden kühl stellen.
- Mit den restlichen Herzen garniert servieren.

Käsesahnetorte mit Pflaumen

Zutaten Tortenboden:

40 g Speisestärke
80 g Mehl
½ Päckchen Backpulver
125 g Zucker
1 Päckchen Vanillezucker
4 Eier
2 EL Orangensaft

Zutaten Belag:

250 g Sahnequark
120 g Zucker
400 g Sahne – Frischkäse
4 EL Orangensaft
60 g Fertiggelatine
600 g Sahne
1 kg Pflaumen

Zubereitung:

- Für den Tortenboden die Eier trennen.
- Zucker, Vanillezucker, Eigelb und 1 EL warmes Wasser schaumig rühren.
- Mehl, Speisestärke, Backpulver und Orangensaft unterrühren.
- Eiweiß steif schlagen und unterheben.
- Teig in eine mit Backpapier ausgelegte Springform geben.
- Bei 175° C etwa 30 Minuten backen.
- Für den Belag die Pflaumen entkernen und vierteln.

- Orangensaft, 70 g Zucker und Pflaumen in einem Topf 5 Minuten köcheln lassen.
- Nach und nach 40 g Gelatine einrühren.
- Quark, Käse und Zucker verrühren.
- Sahne steif schlagen.
- Dabei 10 g Gelatine einrieseln lassen.
- Steifgeschlagene Sahne unter die Käsemasse heben.
- Biskuitboden quer halbieren.
- Eine Biskuithälfte auf eine Kuchenplatte geben.
- Tortenring (Springformrand) um den Boden legen.
- Pflaumenmasse auf dem Boden (Biskuitboden!!!) verteilen.
- Käsesahne auf die Pflaumenmasse streichen.
- Zweiten Biskuitboden auflegen.
- Torte mindestens zwei Stunden im Kühlschrank kühlen.
- Restsahne mit Restgelatine steif schlagen.
- Tortendeckel und Tortenrand mit Sahne bestreichen.
- Torte mit Pflaumenstückchen verzieren.
- Noch einmal eine Stunde kühl stellen.

Kuppeltorte mit Mascarpone

Zutaten:

500 g Mascarpone
500 g Schlagsahne
200 g Schokolade
150 g Zucker
75 g Mehl
3 Eier
3 Päckchen Vanillezucker
35 g Speisestärke
20 g Kakaopulver
1 TL Backpulver
1 Glas Sauerkirschen
4 EL Milch
1 Päckchen Sahnesteif
Schokodekoration
30 g Sofortgelatine / Fertiggelatine

Zubereitung:

- Die Eier trennen.
- Eiweiß mit 3 EL Wasser steif schlagen.
- Dabei einen Vanillezucker und 75 g Zucker einrieseln lassen.
- Die Eigelbe einzeln einrühren.
- Kakaopulver, Backpulver und Mehl vermischen.
- Mischung unter die Eiercreme heben.
- Den Teig in eine mit Backpapier ausgelegte Springform (26 cm) füllen.
- Bei 175° C etwa 25 Minuten backen.
- Tortenboden auskühlen lassen.
- Nach dem Kühlen den Boden aushöhlen.

- Dabei am Rand und am Boden ca. 1 cm stehen lassen.
- Herausgenommenen Biskuit zerbröseln.
- Kirschen abtropfen lassen und den Saft auffangen.
- Stärke mit 6 EL Saft verrühren.
- Den restlichen Saft mit 1 EL Zucker zum Kochen bringen.
- Stärke einrühren und ebenfalls kurz aufkochen.
- Die Kirschen unterheben.
- Kirschkompott in den ausgehöhlten Tortenboden geben.
- Schokolade fein zerhacken.
- 300 g Sahne mit 10 g Gelatine steif schlagen.
- Restliche Gelatine, Restzucker und Vanillezucker vermischen.
- Mischung und die Milch mit dem Mascarpone verrühren.
- Biskuitbrösel, Schokostückchen und Sahne unterheben.
- Creme auf die abgekühlten Kirschen geben.
- Zu einer Kuppel formen.
- Mindestens vier Stunden kalt stellen.
- Restliche Sahne mit Sahnesteif steif schlagen.
- Torte komplett mit der Sahne bestreichen.
- Zum Schluss die Schokodekoration anbringen.

Vom gleichen Autor erschienen bei Books on Demand bereits:

Wärme – Poesie vieler Jahre

© 2011 by Hans-Georg Karl
ISBN: 978-3-8423-5784-6
Hardcover, 92 Seiten, € 14,90

Knödelschorsch seine Leckerchen

© 2011 by Hans-Georg Karl
ISBN: 978-3-8448-0246-7
Paperback, 200 Seiten, € 10,90

Feuer – Poesie für Dich

© 2012 by Hans-Georg Karl
ISBN: 978-3-8482-2092-2
Hardcover, 92 Seiten, € 14,90

Knödelschorsch seine zweiten Leckerchen

© 2012 by Hans-Georg Karl
ISBN: 978-3-8448-0246-7
Paperback, 200 Seiten, € 10,90

Bärenstreifen

© 2013 by Hans-Georg Karl
ISBN: 978-3-7322-4974-9
Paperback, 32 Seiten, € 3,95

Knödelschorsch seine dritten Leckerchen

© 2016 by Hans-Georg Karl
ISBN: 978-3-8391-1109-3
Paperback, 200 Seiten, € 6,99